帝国と立憲

日中戦争はなぜ防げなかったのか

坂野潤治
banno junji

筑摩書房

帝国と立憲——日中戦争はなぜ防げなかったのか【目次】

Ⅲ 「帝国」と「立憲」の終焉——一九一八～一九三七年 181

史料の引用にあたっては、読みやすさを考慮し、原則として新字・現代かな遣いに改めた。適宜句読点やふりがな、送りがなを補い、漢字やカタカナをひらがなで表記した場合もある。また一部を、現代日本語に訳しなおした。なお、引用文中の〔　〕は筆者による注記である。

帝国と立憲——日中戦争はなぜ防げなかったのか

はじめに

近代日本が領土や特殊権益の獲得をめざして対外進出に着手したのは、一八七四（明治七）年の「台湾出兵」からです。獲得目標は琉球（今の沖縄）でしたが、出兵したのは中国（当時は清国）領土の台湾でした。他方、近代日本が立憲制の導入に向けて具体的な一歩を踏み出したのは、その翌年、七五年の明治天皇による「立憲政体樹立の詔勅」からです。前者を「帝国」化、後者を「立憲」化と呼ぶとすれば、この時から一九三七（昭和一二）年七月に日中全面戦争が始まるまでの六二年余りの間、「帝国」化も「立憲」化も、それぞれ拡大の一途をたどったと言えます。

現代の観点からすれば、言うまでもなく、「帝国」化は悲しむべきことであり、「立憲」化は喜ぶべきことです。しかし、今の私たちには矛盾するかのように見えるその両者を、近代日本がともにごく限られた期間のうちに成し遂げたことを、どう理解したらいいのか。明治末年には、国内の民主化と中国・朝鮮への侵略との同時進行を肯定した「内に立憲、外に帝国」などという恥ずかしい標語が流行りました。その標語が意味するように、近代日本の歩みを、対外的な膨張政策と国内の立憲政治とが矛盾なく並行的に進展した時代としてとらえる見方も、少なからずあります。しかしこのような理解は、はたして正当でしょうか。

筆者の個人的期待は、「立憲」化が進んだ時には「帝国」化が停滞する、という事実が見出されることでした。本書が明らかにするように、この期待は果たされたと言えます。約六〇年間の日本近代史をこの両者の関係に絞って検討した結果、「立憲」化の盛んな時には、「帝国」化が抑えられていたことは確かです。

しかし、それにもかかわらず、近代日本の「帝国」化は、周期的に抑えられることはあっても、また段階的に進んでいきました。その様子はひと昔前に旅先の旅館などでよく見た〝もぐら叩き〟を思い出させます。

「立憲」勢力がひと休みすると「帝国」勢力が頭をもたげる、と言えば事は簡単ですが、その正反対の場合も少なくありません。相手国の軍事力や国民的な抵抗の強さの前に「帝国」勢力が一時休止を強いられたお蔭で、日本国内で「立憲」勢力が息を吹き返したような場合もありました。

戦後七〇年余りが過ぎた今日の日本人が戦争反対を唱えるとき、その念頭にあるのはいつも〝先の大戦〟、つまりは一九四一年末から四五年八月にかけての対米戦争です。しかし、一八七四年から一九四一年までの六七年間、日本の「帝国」勢力が膨張の対象としてきたのはつねに朝鮮と中国であり、一九〇四年から〇五年の日露戦争を唯一の例外として、相手国はいつも中国でした。

一八七四年の台湾出兵、一八九四年の日清戦争、一九一五年の対華二十一ヵ条要求、一九三一年の満州事変、一九三七年の盧溝橋事件と年表風に見ただけでも、このことは明らかでしょう。念のために付言しますが、ほとんどの日本人が知っている一九四一年から四五年にかけての日米戦争の間も、日中戦争は続いていました。一八七四年に始まり一九四五年に終わる日本「帝国」の膨張過程のすべての時期において、日本と中国は対立しつづけていたのです。

時代を日中全面戦争が始まる一九三七年以前に限ってみれば、日本国内の「立憲」化への努力も同時並行的に続いていました。「帝国」化と「立憲」化の間に時期的なズレがあったと大筋でみなしうることは指摘したとおりですが、にもかかわらず「立憲」化は漸進的に進んでいたのです。一八七五年の立憲政体樹立の詔勅、一八八〇年代の国会開設運動、一九一二年から一三年の第一次憲政擁護運動、一九二五年の男子普通選挙法の成立、一九二五年から三二年までつづく二大政党制の時代、そして一九三六、三七年の二度の総選挙における合法社会主義政党の躍進。このように列挙しただけで、それは明らかでしょう。

問題は両者の因果関係です。「帝国」化の時代と「立憲」化の時代が重なることは、事実としては存在しませんでした。二つの時代は交互に訪れたのです。このことは喜ぶべき発見でした。「内に立憲、外に帝国」という標語は、実際の政治の上では存在しなかったのです。「帝国」と「立憲」は相対立するものだったといえるでしょう。

だからといって、「立憲」が「帝国」に正面から立ち向かった事例は、むしろ少数でした。しかし、反対に「帝国」が国内の「立憲」勢力を正面から押しつぶした事例も、そう多くはありませんでした。両者は正面衝突を繰り返すよりも、むしろ輪番制を守った時の方が多いのです。

＊

本書は、「内に立憲、外に帝国」という標語の当否を――そして、最終的には「立憲」が「帝国」への歯止めとなりきれなかったことの意味を――、戦前日本の歴史の中で再検討したいと思い書き始めました。そのために「帝国」と「立憲」という言葉を対概念として使っています。日中関係を主として対外関係をとらえる本書に、近代史研究では高度に発達した資本主義国家の対外膨張を指して使われてきた「帝国主義」は不適当です。しかし、琉球、台湾、朝鮮、満州、華北へと領土や特殊権益を拡大していく戦前日本が、「帝国」化をめざしていたことは間違いありません。

その対《つい》をなす「立憲」という言葉は、本論でも説明するように、今日の「立憲主義」とは異なる意味で使っています。戦後憲法の下で用いられる「立憲主義」とは、憲法によって時の政権による権力の濫用を抑えるという意味ですが、戦前の日本にあっては、大日本帝国憲法（明治憲法）に頼っていたのでは、権力の濫用を防ぐことは不可能だったからです。

たとえば、一八八九（明治二二）年に発布された大日本帝国憲法は第一一条で、「天皇ハ陸海軍ヲ統帥ス」と定めていました。ここでいう「統帥権《とうすいけん》」とは、軍隊の作戦と用兵に関する指揮・命令権のことです。それは陸海軍の統帥部（参謀本部・海軍軍令部）の補佐のもとに行使され、政府（内閣）も介入できないことを定めたものと解されました。有名な「統帥権の独立」です。詳しくは本書の中で見ていきますが、明治憲法に頼っていては、権力の濫用どころか陸海軍の暴走すら防げませんでした。

この軍部の暴走に歯止めをかけるために生まれた議論は、「合憲」だけれども「非立憲」だというものでした。「合憲」と「立憲」を別々のものとしたのは、民本主義者の吉野作造《よしのさくぞう》です。一九二二（大正一一）年二月に発表した論文の中で、吉野は次のように問題を提起しています。

「参謀本部と海軍軍令部〔統帥部〕とは、制度の上で既に明白に国務大臣の輔弼《ほひつ》の責任〔国政においては内閣が天皇を補佐すること〕と衝突する。これが立憲の本義に悖《もと》ることは言うまでもない。しかしながら、これを憲法違反といえるかといえば、この点は少しく他の観点

を交えて考えて観る必要がある。」（「帷幄上奏論」『日本政治の民主的改革』一四頁参照、〔 〕内は筆者による注、以下同）

吉野はこの観点から、リベラルな憲法学者美濃部達吉《みのべたつきち》が『憲法講話』で説いた議論の限界を指摘しています。軍部優位の大日本帝国憲法をいくら自由主義的に解釈改憲してみても、第一一条の「天皇ハ陸海軍ヲ統帥ス」という規定には手をつけられません。陸海軍参謀本部の独走は「合憲」です。戦前日本では、（「憲法による権力の抑制」という意味での）「立憲主義」では軍部の独走は防げなかったのです。「大日本帝国憲法」の制限を超えてそれを抑え込むためには、憲法論争ではなく、「立憲の本義」に立ち戻るしかない、と吉野は論じました。本書で、「立憲主義」ではなく「立憲」を「帝国」に対置したのは、吉野の言う「立憲の本義」にヒントを得たものです。

それでは「立憲の本義」はどうやって憲法の明文を超えられるのか。普通選挙論者の吉野にとっては、もしもそれが実現すれば、全国民に支えられた衆議院を基盤とする政党内閣の力で（憲法解釈ではなく民主主義の力で）、陸海軍という「統帥部」の独走を抑え込めるはずでした。

たしかに吉野の期待どおりに、男子普通選挙制の下で衆議院の過半数を握った浜口雄幸《おさち》や若《わか》槻礼次郎《つきれいじろう》の率いる立憲民政党の内閣は、ロンドン海軍軍縮条約についても満州事変にあたっても、「統帥部」の主張や行動に、相当な抵抗を試みました。「立憲の本義」は「帝国」に対立しつづけたのです。しかし、「帝国」と「立憲」の対立は、普通選挙制と政党内閣慣行（「制度」ではありません）*の成立によっては、解消できませんでした。戦前の日本では、両者の対立は、太平洋戦争という総力戦に突入するまでは解消しなかったのです。しかも、太平洋戦争の勃発によりまず「立憲」が敗北し、その戦争の敗北によって「帝国」の方も敗北したのです。

一八七四年の台湾出兵により始まる「帝国」化と、翌七五年の詔勅によって始まる「立憲」化の相克の歴史は、最終的にこうした不幸な結末へといたりました。しかし、そうであるにせよ——あるいは、そうであればこそ——そこから私たちが汲《く》み取るべき教訓は大きいはずです。近代日本における「帝国」と「立憲」の相克とはいかなるものだったのか。以下、詳しく分析していきましょう。

＊　大日本帝国憲法は、第五五条に「国務各大臣ハ天皇ヲ輔弼シ其ノ責ニ任ス」と定めるのみで、「内閣」や「内閣総理大臣」については規定していませんでした。現在のように、国会が内閣総理大臣を指名する権限をもつわけではなく、議院内閣制は採用されていません。行政権は国務各大臣の輔弼により天皇が自ら行う「大権」とされ、憲法上は、内閣は各大臣の協議のための合議体にすぎませんでした。ただし、憲法に先立って発足した内閣制度（一八八五年一二月）でも、また憲法五五条の半公的解釈（伊藤博文『憲法義解』）でも、重要な国務は内閣の共同責任と定められてい

ました。憲法というものは文言だけではなく運用面も含めて理解すべきです。

法律上、内閣総理大臣や国務大臣が帝国議会（衆議院と貴族院）に対して直接責任を負うことはなく、内閣総理大臣は——議会ではなく——天皇により任命され、天皇にのみ責任を負います（具体的な人選は、元老や重臣会議など憲法外の機関・人物の合議による場合が多い）。

また組閣は、首相が各国務大臣の候補を人選し、天皇が任命することとなっていましたが、軍部大臣については現役の大将・中将が採用されており、陸軍大臣および海軍大臣が衆議院議員から選ばれることはありませんでした（外務大臣が議員から選ばれたことも明治憲法下ではありません）。

I

「帝国」と「立憲」のはじまり——1874〜1895年

●第Ⅰ部関連年表

年代		出来事
1842	天保13	清国、アヘン戦争（1840〜）に敗北
1853	嘉永6	ペリー、浦賀に来航
1868	明治1	王政復古の大号令。鳥羽・伏見の戦い（戊辰戦争、〜69）。明治改元。五箇条の誓文
1871	明治4	三藩献兵（御親兵の設置）。廃藩置県。日清修好条規。岩倉使節団派遣
1872	明治5	御親兵を近衛兵に再編
1873	明治6	徴兵令。地租改正条例。征韓論分裂（西郷隆盛ら5参議辞任）
1874	明治7	民撰議院設立建白。大久保利通、台湾出兵を決定。西郷、鹿児島に私学校設立。日清両国間互換条款
1875	明治8	大阪会議（大久保・板垣退助・木戸孝允）。愛国社結成。元老院設置。立憲政体樹立の詔勅。江華島事件
1876	明治9	江華島条約（日朝修好条規）
1877	明治10	地租軽減（地価の2.5％へ）。西南戦争
1878	明治11	大久保暗殺
1879	明治12	琉球藩廃止、沖縄県設置
1880	明治13	国会期成同盟。山形有朋の清国脅威論（「隣邦兵備略」）、陸海軍の軍拡始まる
1881	明治14	大隈重信、憲法制定・国会開設を奏議。交詢社「私擬憲法」。井上毅「憲法意見」。植木枝盛「日本国憲法草案」。明治十四年の政変（大隈下野）。国会開設の詔勅。自由党結成
1882	明治15	松方デフレ始まる。伊藤博文、憲法調査のため欧州へ。立憲改新党結成。壬午事変
1884	明治17	甲申事変
1885	明治18	天津条約（日清両国、朝鮮半島から撤兵）。内閣制度発足
1886	明治19	海軍公債発行
1887	明治20	井上「憲法草案」を伊藤首相に提出
1888	明治21	枢密院設置
1889	明治22	大日本帝国憲法発布
1890	明治23	第1回総選挙。帝国議会開設
1892	明治25	第2回総選挙（品川内相指揮による選挙干渉）
1893	明治26	和協の詔勅（和衷協同の詔）
1894	明治27	東学党の乱。日清戦争
1895	明治28	下関講和会議。下関条約調印。露独仏、三国干渉。台湾平定

第1章 中国に勝って「小帝国」を──台湾出兵

明治新政府の分裂

一八七四（明治七）年の台湾出兵とそれにつづく日中（清）関係の緊迫化は、明治の初めにおける最大の対外危機でした。日本の陸海軍が、中国領土の台湾に出兵し、中国の出方によっては本格的な戦争に持ち込もうとしたのです。王政復古から六年、近代日本最大の変革である「廃藩置県」からわずか三年しか経っていない時期のことでした。

当時、薩摩藩出身の参議で北海道開拓使の長官だった黒田清隆《きよたか》は、強硬な対中開戦論者でした。同時に彼は、当時の日本の軍事力の不十分さも正確に把握していました。政府のトップである太政大臣三条実美《さんじょうさねとみ》に差し出した建言書のなかで、黒田は次のように論じています。

黒田清隆

「攻戦を始める要《かなめ》は、まず海軍の精鋭を尽くしてわが艦隊をもって彼の海軍を撃破し、要港を襲略し、陸軍攻撃の便路を開かせることにある。わずか十隻にも充たない軍艦にこのような大任を担わせる以上、予備艦隊の設けが不可欠である。今日わが国内には、各省や北海道開拓使や民間所有の約百隻の蒸気船がある。そのうちから最も堅牢《けんろう》のものを選んで二十隻ぐらいの予備艦隊を作ることができよう。」（「三条家文書」五〇の一一）

よく知られているように、一八五三（嘉永六）年のペリー来航以後の「海防論」の中心は、欧米からの軍艦の購入とその操縦の習得にありました。しかし、六八年の王政復古以後、七四年の台湾出兵までの六年間の明治政府は、支配体制の変革とそのための内戦に追われてきました。陸軍は旧幕府軍との内戦（戊辰《ぼしん》戦争）で強化されたものの、海軍の拡張までは手が回らなかったのです。別の言い方をすれば、明治維新以後の日本政府が迎えた初めての対外緊張が、七四年の台湾出兵だったのです。

中国と本気で戦争するために足りないものは軍艦だけではありません。国内の政治勢力の統一も不足していました。幕府を倒して藩も廃止した明治政府は、台湾出兵の前年の一八七三年には、その後の基本路線が定まらないまま、分裂状態に陥っていました。「征韓論分裂」として有名なこの年一〇月の政変は、明治維新を実現した薩摩、長州、土佐三藩の「革命勢力」の内部分裂です。旧薩摩の西郷隆盛《たかもり》グループと旧土佐の板垣退助《たいすけ》グループが政権を去りました。

その時点では朝鮮への積極的進出を訴える西郷らの「征韓論」に反対し、「内治優先」を掲げる薩摩の大久保利通《としみち》を支持した長州グループでも、台湾出兵は「内治優先」に反するとして、代表格の木戸孝允《たかよし》が政府を去りました。同派で陸軍卿として政府に残っていた山県有朋《やまがたありとも》も、台湾出兵を日中戦争へと拡大することには、正面から反対していました。一八七四年七月の、場合によっては対中開戦も辞せずという閣議決定に先立って、山県は次のような意見書を政府に提出しています。

「今の日本では、将校はまだ熟練していないし、兵士も訓練が行きとどいていない。兵器の備もまだ十分ではない。人口も領土も小さい台湾との戦いには耐えられても、そのことから中国との衝突を生じるにいたれば、その禍は計り知れない。」(『大隈文書』第一巻、七六頁、一八七四年七月八日付)

この当時から一九二二（大正一一）年の死までの四八年間、山県は一貫して中国に対する過小評価を戒めつづけてきました。台湾出兵から六〇年余りのち、日中戦争が拡張の一途をたどっていた時期に、かつては右翼でアジア主義者の中心的存在だった頭山満《とうやまみつる》は、山県が生きていればこんな無茶なことは防げたであろうと嘆息しています（『小川平吉関係文書』第二巻、三四五頁）。欧米列強の侵略からアジアを守ると主張してきた頭山満や小川平吉《へいきち》のような古いアジア主義者（終章で改めて紹介します）は、中国を守るためにイギリスを撃つということならば喜んで賛成したでしょう。しかし彼らには、中国を撃つためにイギリスと戦争するという日中戦争後のナショナリストの主張を理解することなど、到底できませんでした。

大久保利通、西郷隆盛とともに幕末維新の変革を進めてきた薩摩の黒田は、このような政府分裂のまま対中戦争を戦えるとは思っていませんでした。彼は、弱小の海軍力を補強するとともに、明治政府を分裂前の状態に戻す必要を強く訴えていました。黒田は、対中戦争に備えて大本営を設置し、そこに下野してしまっている西郷、木戸、板垣を呼び戻し、オール・ジャパン体制をつくれと、次のように主張しています。

「天皇陛下自ら軍務の大本を統御せられ（すなわち大元帥）、速やかに親征の詔を下し、全国人民の方向をひとつにまとめる必要がある。聖旨を奉戴して軍務を統括するのは元帥の任である。三条太政大臣がこれに任ずるべきである。

元帥を輔翼《ほよく》し全軍を部署し、攻撃の方法を画策する任務は、もっとも緊急でかつ重要である。和戦が決定した時には、速やかに天皇の勅使を派遣し、下野している西郷陸軍大将、木戸、板垣前参議を上京させ、これに在職の山県有朋と伊地知正治両参議などを加えて、いわゆる参謀局を開き、もっぱら戦略を協議させるべきである。」(「三条家文書」五〇の一二)

ここに挙げられている西郷、木戸、板垣、山県らは有名ですが、伊地知正治《いじちまさはる》はあまり知られていません。実は彼は、西郷や大久保の下で薩摩藩の勤王家《きんのうか》を率いた人物で、その得意とするところは軍略でした。武力で幕府を倒した一八六八年の戊辰戦争を現場で指揮したのは、この伊地知でした。長州出身の山県とともに「参謀局」に入るのは、当然のことだったのです。

琉球をめぐる日中対立——台湾出兵

ところで、日中戦争勃発の寸前にまで立ちいたった台湾出兵の目的は、日本による琉球(沖縄)の領有を中国に承認させることにありました。日本側が、その三年弱前の一八七一(明治

西郷隆盛

四）年一一月に琉球漁民五四名が台湾に漂着して殺害された事件を、日本漁民の虐殺として、中国政府の責任を追及したのが発端です。しかし、中国政府は応じませんでした。その理由は明快で、わが領土の台湾でわが属国の琉球漁民が殺害された事件は知っているが、日本漁民殺害の話は聞いていないと応じたのです。この回答を受けて、中国政府が責任を放棄するなら日本政府が犯人を直接処分する、というのが、出兵の理由でした。

明治政府内でこの武力行使に積極的だったのは、主として旧薩摩勢力です。先に見た黒田清隆の他に、海軍大輔《たいふ》（次官）の川村純義《すみよし》や陸軍大輔西郷従道《つぐみち》らが強硬派で、いわゆる「征韓論争」で参議を辞任して鹿児島に帰っていた陸軍大将西郷隆盛も、鹿児島士族をまとめて出兵を支持していました。この結果、一八七四年五月に出兵は断行されます。それは、軍艦四隻、陸海軍約三〇〇〇名という大規模なものになりました。そこに加わった西郷配下の義勇兵の数は正確には分かりませんが、台湾に上陸した将兵が合計三五〇〇人と言われるので、そこから正規軍三〇〇〇人を差し引いた約五〇〇人がそれに当たるものと思われます。

大久保利通の和平交渉

国際的にも日中両国の間でもその帰属が定まっていない琉球島民を勝手に日本国民と断定して、その自称「日本国民」が虐殺されたことを理由に中国の領土である台湾に陸海軍を派兵するのは、明らかな侵略行為でした。中国政府は日本に、即時無条件の撤兵を要求し、イギリスをはじめとする欧米列強も、中国の主張を支持します。しかし、すでに記したように当時の日本政府は旧薩摩勢力が握っており、彼らは本気で中国と一戦する覚悟でした。その旧薩摩勢力の中から事態の収拾をはかる有力な政治家が現われないかぎり、日中全面戦争は避けられない状況にあったのです。

大久保利通

強硬派の不満を一身に背負う覚悟で、中国との和平交渉の任にあたったのは、参議で内務卿を兼ねていた大久保利通でした。西郷隆盛とともに薩摩藩を率いて明治維新を実現させた人物です。

日本政府の全権大使として北京に着いた大久保は、一八七四（明治七）年九月一四日から撤兵条件をめぐる日中交渉を開始しました。会談は一〇月二三日まで計七回開かれましたが、両国間の妥協点を見出せず、決裂寸前に立ち至ります。大久保は、台湾を自らの管轄下にあると主張する中国政府に対して、日本政府はそれに同意できないとし、会談の打ち切りを通告したのです。

しかし大久保は一〇月五日の第四回会談の時から、水面下で妥結点を見つけようと模索していました。日本側は台湾が中国の管轄外にあるという主張を取り下げるから、その代わり中国側はその管轄地内で起こった今回の事件に責任を持て、というのがそれでした。この妥協案を示唆しておいたうえで、二三日に会談決裂の通告をしたのです。

中国側も大久保のメッセージを理解していました。イギリスの駐中公使ウェードを介して、日清両国間互換条款を提示してきたのです（一〇月三一日調印）。その内容は次の三点です。

第一に、琉球の帰属問題とは無関係に、今回の日本の台湾出兵が「保民義挙」のためのものであることを中国政府は承認する。

第二に、この出兵による日本人犠牲者に、中国政府は「賠償金」ではなく「撫恤金《ぶじゅつ》」（義援金）五〇万両《テール》を支払う。また、出兵中に日本軍が造った施設は、撤兵後は中国が使用するのだから、その費用は中国側が支払う。

第三に、今後は中国政府が台湾の治安に責任を持ち、同地への渡航者の安全を保障する。

この「条款」に大久保全権は調印しました。もちろん彼も、本気で対中戦争の準備をしている本国政府や鹿児島士族が、この「条款」に不満なことは十分承知しています。しかし、日本国家と国民に責任を持とうとすれば、調印以外の選択肢はありませんでした。

すでに記したように、琉球漁民は日本の正式な主権下にあるものではなく、それが中国の主権下にある台湾で殺害されたからといって日本が台湾に出兵したのは、国際常識に反する行為でした。にもかかわらず、中国政府がそれを「保民義挙」として認め、「不是」とはしないと言っているのです。そのうえ、このあからさまな中国侵略に対して、中国は「賠償金」は拒否しても「撫恤金」は支払うとまで譲歩したのです。それを無視して対中戦争に踏み切れば、欧米列強の干渉は免れません。事を日中関係だけに限っても、戦争で勝てる保証がなかったことは、すでに記したとおりです。

大久保利通は、国内での不人気を覚悟で、無謀な台湾出兵にけりをつけて、一八七四年一一月末に日本に帰国しました。

第2章　立憲政体を求めて

大阪会議

最初の日中緊張（一八七四年）と、次章で記す二度目のそれ（一八八二―八四年）との間は、「立憲の時代」でした。

「帝国」を抑え込むことを明確に意識して「立憲」が唱えられた最初の事例は、日本近代史では「大阪会議」の名で知られる、木戸孝允（旧長州藩士）と板垣退助（旧土佐藩士）の会談です。

実は、「大阪会議」として有名なのは、一八七五（明治八）年二月一一日の、この二人に大久保利通（旧薩摩藩士）を加えた三人の会合です。しかし、「帝国」に対する「立憲」の反撃という本書の観点からは、それに先立つ一月二二日に行われた、憲法制定論者の木戸と民撰《みんせん》議院論者の板垣との「大阪会議」の方を重視すべきでしょう。

この日の会合は、旧長州藩の井上馨《かおる》と旧土佐藩の古沢滋《ふるさわしげる》、および旧徳島藩の小室信夫《こむろしのぶ》の三人の下交渉によって開かれたものですが、その三人が初めて会談したのが、台湾出兵の後始末を北京で終えた大久保利通が横浜に帰港した翌日（一八七四年一一月二八日）だったことは、注目に値します。大久保が台湾出兵に憤る中国側との交渉をやっとまとめて帰国したまさにその時、「帝国」ではなく「立憲」をめざす動きが活発化したのです。

この一一月二八日の三者会談を井上馨は、三日後の一二月一日付の手紙で早速、木戸孝允に報じています。その手紙は「帝国」と「立憲」の関係を示すものとして重要です。

木戸孝允

彼はまず、木戸に、その配下の伊藤博文《ひろぶみ》や山県有朋に手紙を送って、今後は今回のような「朝鮮またはその他戦を好むようなこと」はなくして、冗費を省き富国強兵と文明開化に専念するよう十分注意してもらいたい、と頼んでいます。「帝国」化の抑制です。

これに続けて井上は、大阪に向かう船中で、この年一月に政府に提出した「民撰議院設立建白書」の起草者の二人、古沢滋と小室信夫と会談したことを報告しています。その内容は、木戸孝允が岩倉使節団の一人として一年余りにおよぶ欧米視察中に構想を練ったドイツ流の憲法制定論と、古沢や小室が同じ頃イギリスで研究してきた議会開設論との妥協点を見出すために、井上が木戸を、古沢らが板垣を大阪に連れ出して二人で会談させようとするものでした。

このことは、一二月一八日に井上が再度木戸に送った手紙の中に、「老台〔木戸〕の論を以って板垣などの論を折衷し、我が国の性質に相応する議院の方法によって、十分に政府に権を取り開院」するとあることによって、具体的に明らかになります（『世外井上公伝』第二巻、六一九頁）。板垣らのイギリス・モデルの「民撰議院」ではなく、それよりは政府権限の強いドイツ型を採用しながら、なにはともあれ議会は開設することで、両派を妥協させようというわけです。

この議会開設論と、先に記した、今後再び朝鮮やその他と戦を好むようなことはなくしたい、という一文とを結びつけて考えれば、議会の開設（「立憲」）と日中・日朝戦争（「帝国」）の回避とが一つのセットになっていたことは、明らかでしょう。

このような準備のうえで、木戸らと板垣らとの「大阪会議」は、翌七五年一月二二日に開かれました。当日の模様は、その日の木戸の日記によって明らかになります。

「十一時井上宅に至り、一時過ぎより共に板垣退助を訪《おとな》う。小室、古沢も同席。同氏ら民撰議院論につき我らの考案も陳述し、三氏の意見も承り、帰途八時頃井上宅に至り、二人で余談を尽くし、十一時帰宿。」（『木戸孝允日記』第三巻、一四四頁）

板垣、小室、古沢、木戸、井上の五者会談は、午後一時から八時前まで、実に七時間弱にわたって行われたのです。

立憲政体樹立の詔勅

この会談の結果は木戸によって大久保利通に伝えられ、その結果、二月一一日に、一般に「大阪会議」として知られる大久保、木戸、板垣の三者会談が行われました。この三者会談の結果を明治政府の正式決定にまで煮つめたものが、筆者が明治立憲制の発足として重視してきた一八七五（明治八）年四月一四日の天皇の詔勅（立憲政体樹立の詔勅）です。「帝国」から「立憲」への転換として重要な詔勅なので、かな遣いや句読点以外はほぼ原文のままで引用しておきましょう。

「朕、即位の初め、首として群臣を会し、五事を以って神明に誓い〔五箇条の誓文〕、国是を定め、万民保全の道を求む。（中略）朕、今誓文の意を拡充し、ここに元老院を設け以って立法の源を広め、大審院を置き以って審判の権〔司法権〕を鞏《かた》くし、また地方官を召集し以って民情を通じ公益を図り、漸次に国家立憲の政体を立て、汝衆庶とともにその慶に頼らんと欲す。（後略）」（傍点は筆者）

明治維新からわずか八年の一八七五年四月に、天皇が「漸次《ぜんじ》に国家立憲の政体を立て」ると公約したことの意味は非常に大きいものです。しかし、「帝国」と「立憲」の関係を検討する本書にとっては、この詔勅に向けての第一歩が、台湾出兵に始まる日中関係の緊迫化を緩和した大久保利通が横浜港に上陸した翌日に踏み出されていることが重要です。「帝国」化を封じ込めるために、「立憲」化の第一歩が築かれたのです。

国会開設の詔勅――立憲の時代の終わり

もし筆者のこのような歴史解釈が正しければ、一八七四（明治七）年末に始まる「立憲の時代」が終焉すれば、再び「帝国の時代」が到来することになるでしょう。

次章で明らかにするように、二度目の日中対立が生じたのは一八八二年七月です。その約九カ月前の八一年一〇月には、明治政府内から大隈重信《おおくましげのぶ》や福沢諭吉《ゆきち》の高弟たちが放逐された「明治一四年の政変」が起こっていました。これは、いわゆる自由民権運動の敗北を告げる政変として有名です。

一〇月一一日の政変の翌一二日、「立憲の時代の終わり」を告げる天皇の詔勅が公布されました。九年後の一八九〇年に国会を開く、というこの詔勅が「立憲の時代の終わり」を告げると解釈する理由はすぐ後に記しますが、まずこの詔勅の最重要部分だけ引用しておきましょう。

「明治二十三年を期し、議員を召し、国会を開き、以って朕が初志を成さんとす。今、在廷臣僚に命じ、假《か》すに時日を以ってし、経画の責に当たらしむ。」

すでに記したように、天皇は一八七五年の詔勅で「漸次に国家立憲の政体を立て」ると公約していました。それから丸六年以上経った八一年一〇月に、その「漸次」とは、さらに九年ののちの一八九〇年、合計すれば一五年後のことだと宣言したわけです。今日の政治でも「先送り」という言葉はよく使われます。しかし、一五年間の先送りは、そうあるものではありません。筆者が一八八一年の詔勅を、「立憲の時代の終わり」を告げるものと位置づける理由の一つです。

江華島事件から自由民権運動へ

一八七五（明治八）年の詔勅が「立憲の時代の始まり」で、八一年のそれが「立憲の時代の終わり」だとすれば、その間の六年間は「立憲の時代」だったことになるでしょう。ただ、この六年間をそのようにひと括りにすることは、あまり一般的な理解ではありません。

たとえば、一八七五年九月二〇日には江華島《こうかとう》事件が勃発しました。これは、通商条約の締結を拒む朝鮮政府に対する、日本側の武力示威行為だったと見られており、「征韓論」の実体化だと言うことができるでしょう。

さらにこの間には、上からの工業化を掲げた大久保利通や大隈重信による政府の掌握、西郷隆盛の反乱（西南戦争）に代表される一連の「士族反乱」、一八七八年の大久保内務卿を中心に推進された「開発独裁」の試みとそれに続く大久保の暗殺など、さまざまな出来事がありました。そうした混乱期を経て、七九年に入りようやく「立憲」勢力が台頭します。愛国社など全国の民権派政社が結集した八〇年の国会期成同盟の大会を頂点として、その前後一年ずつを加えた三年間を「自由民権運動期」として一括するのが一般的です。

しかし、中途にいろいろな出来事はあっても、一八七五年から六年間の「立憲」への流れは一貫していました。「立憲派」内部における急進派と穏健派との関係も大きく違わず、そしてやや突発的な七五年九月の江華島事件以外には、「帝国」化をめざす勢力は抑えられていました。しかも、議会開設に向けた穏健派の中心人物の一人は井上馨で、急進派のトップは六年前と同じく板垣退助です。七九年から八一年にかけてのいわゆる自由民権運動は、七五年の大阪会議の延長線上に位置づけて理解されるべきものでしょう。

板垣退助を中心とする急進派の運動がピークを迎えたのは、一八八〇年三月の国会期成同盟の大会でした。七四年一月の「民撰議院設立建白書」では、署名した八人のすべてが「士族」でしたが、八〇年三月の大会が可決した、天皇に国会の開設を請願する文書に署名した各地の結社代表ら九七名のうち、士族は六一名、平民は三六名であり、地方の豪農も多く加わっていました。しかし、このような変化にもかかわらず、運動の中心が板垣率いる愛国社であったことには変わりはありませんでした。

板垣退助

井上馨の誤解

他方、一八七四（明治七）年から七五年に穏健派の国会開設論の中心にあった井上馨は、江華島事件の後始末として、日朝修好条規（江華島条約）の調印に向け尽力したのち、イギリスの政治経済事情を調査するためロンドンに渡っていました。しかし、七八年五月の大久保利通内務卿暗殺を知ると、ただちに帰国の準備にかかります。七月には帰国して、今や参議兼工部卿として政府の中枢に返り咲きました。その井上はロンドン滞在中に福沢諭吉の高弟と交わりを深くしています。日本政府の高官として派遣されていた井上の居所は広かったのでしょう。彼は中上川彦次郎《なかみがわひこじろう》・小泉信吉《のぶきち》ら福沢の高弟たちを毎週土曜日に自宅に招いて勉強会を開いていました。

この勉強会について重要な点は、井上自身も福沢の高弟たちも、先の大阪会議の時のように板垣らの「民撰議院論」に振り回されてはならないという自覚を強めたことです。八〇年末に井上がいよいよ活動を起こした時、彼は福沢を通じ、慶應義塾の卒業生を中心として全国の商工業者やジャーナリストや学校の教員や官吏などで構成される交詢社（約一七〇〇人よりなる社交クラブ）に期待したようです。八〇年に二度の大会を開いて国会開設運動を盛り上げていた板垣退助とは接触を持とうとしませんでした。
しかし、井上は福沢系の政治思想を右寄りに理解しすぎていたようです。ロンドン滞在中の福沢の高弟との交流を日本にいる木戸孝允に報じた一八七六年一〇月の手紙で、井上は彼らの思想について大要次のように記しています。

「福沢の書生三人当地に滞在しているが、行跡なども至ってよく勉強している。人物もすぐれている。日本に居た時は、自由（フリー）ばかりを抽象的に（ロジカルに）唱えていたが近年にはそれを大変悔悟しており、至って保守的（conservative）になり、民撰議院なども なかなか行われがたいことも分かってきて、現実的（プラクチース）でなければ国に一番必要な富（ウェルス）を増殖することは出来ないと主張しはじめ、毎土曜日（サチューデ）毎に小生の居処に集って経済学（ポリチカル・エコノミー）の書を輪講し、それからその本を日本の実情にあてはめて論じ、大いに益を得ている。真の学問を志す人、また真に憂国心ある人は、次第に保守的（コンソルベーチブ）になってきて、なかなか楽しいことである。急進することは宜しくないとの確信を強めた次第に候。」

井上馨

（『世外井上公伝』第二巻、七三三頁）

明治の指導者の中でも井上馨の手紙は、内容豊かな半面、文章に飛躍が少なくありません。しかもこの手紙は、ロンドン滞在中のもので、カタカナ英語が多く出てきます。そのうえ、カタカナ英語としても「コンソルベーチブ」は、彼の英語が机上のものであることを示唆しています。原文のままでは現代の日本人には分かりにくいので、かなり大幅に意訳しました。そのような加工を施したことを前提にしたうえで、ここで井上が論じている「保守」と「急進」の二分法に注目してみましょう。

保守と急進と中道

筆者はこれまでの著作で一貫して、「保守」と「急進」の二分法では戦前日本の政治史は理解できない、「保守」と「中道」と「急進」の三分法が必要である、と主張してきました。しかし、一八八〇年前後の井上馨には、二分法しかありません。

一人の政治家の政治観が二分法をとろうが三分法をとろうが、歴史の展開に大きな影響はないように思えます。しかし、井上馨は、幕末・維新を通じての一大勢力であった長州藩、あるいは長州藩閥の中心人物の一人であり、先に記した一八七五年四月の天皇の詔勅における中心人物です。また、八一年一〇月の詔勅のキーパースンでもありました。その彼の二分法が誤っていたとすれば、それは筆者のような一介の歴史研究者の解釈が間違っていた場合とは全く違って、明治立憲制の命運に決定的な影響を与えたに違いありません。

すでにこれまでの著作の中でたびたび明らかにしてきましたが、福沢諭吉と彼が率いる交詢社は、イギリス型の議院内閣制をめざす「中道リベラル」であり、いわゆる「保守」ではありませんでした。彼が一八七九年八月に刊行した『民情一新』は、物分かりのいい「保守」と無茶な改革を要求しない「改進」とが、四、五年ごとに政権を交代するイギリスの政治を模範とするものでした。

しかし、保守・急進二分論の観点からすれば、このような福沢の主張は、ときに限りなく「保守」に近く見えるかもしれません。急進的な民権運動家の植木枝盛《えもり》が福沢諭吉を「官民調和」論者と激しく批判したことは、よく知られています。

反対に、最保守の右大臣岩倉具視《ともみ》やそのブレーンであった太政官大書記官の井上毅《こわし》らが評価すれば、福沢諭吉と交詢社は限りなく民権派に近く見えたことでしょう。一八八一年七月にその井上毅が参議の伊藤博文に送った手紙は、福沢とその交詢社こそ、全国の国会開設論者の司令塔であるとして、おおよそ次のように警告しています。

「昨年の国会請願の徒が今日声を出さないでいるのは、決して静粛になったからではない。各地方からの報告によると、彼らは皆、憲法研究と一変したのであり、その憲法研究は福沢の私擬憲法〔交詢社私擬憲法案〕を根にする外はない。それだから福沢の交詢社は今日全国を牢絡し、政党を約束する最大の器械であり、その勢力は無形のうちに拡大し、それと気付かないうちに人々の脳内に入り込んで発酵し、その主唱者は十万の精兵を率いて無人の野を行くような勢いである。」（『井上毅伝』史料篇第四、四七頁）

井上毅によれば、一八八〇年に全国的に盛り上がった国会開設請願運動は、八一年に入ると板垣退助ら愛国社の手を離れ、福沢諭吉たち交詢社の影響下に置かれるようになった、ということになります。拙著『明治デモクラシー』などで明らかにしたように、この井上毅の見方は、福沢諭吉や交詢社の過大評価です。依然として国会開設運動の中心的な存在だったのは板垣たちでした。

しかし、ここでの問題はその点にはありません。問題は、井上毅ら藩閥政府（明治維新に中心的な役割を果たした薩摩・長州藩らの出身者により組織された政府）内の保守派が、福沢諭吉と交詢社を、板垣退助らよりも危険な存在と見ていた点にあります。その福沢諭吉に、（井上毅ではなく）井上馨が、政府の手による上からの国会開設の手助けを求めたのです。

全体として保守的であった藩閥政府内に右派と左派があったとすれば、井上毅は右派で井上馨は左派でした。そして同じく国会開設を唱えていたグループの中でいえば、福沢諭吉が右派で板垣退助が左派でした。保守派の中の左派と急進派の中の右派とが相互に親近感を抱くのは、政治の世界の常でしょう。井上馨は福沢を保守的に見すぎ、福沢諭吉は井上を開明的に見すぎたのです。

福沢諭吉と井上馨

このような双方の側の相手の過大評価の結果生じた両者の接近と離反の経緯は、その結末としての「明治一四（一八八一）年の政変」の直後に、福沢が井上馨と伊藤博文に送った手紙によって知ることができます。井上馨、大隈重信、伊藤博文の明治政府の開明的な参議三人と、交詢社を代表する福沢諭吉の四者の交渉の過程を、福沢の立場からリアルに描いた手紙ですが、『福沢諭吉全集』で一〇頁におよぶ長文です（第一七巻、四七一―四八〇頁）。残念ではありますが、筆者の要約で我慢してください。

先に記したようにロンドン滞在中に井上馨の知遇を得た中上川彦次郎は、井上が帰国して外務卿に就任すると、その下で同省の公信局長の職に就きます。その中上川が井上の使いとして恩師の福沢の下を訪ね、政府系新聞創刊の責任者になってほしいという井上の依頼を伝えました。福沢が創刊の趣意書のようなものを見たうえで考えると回答すると、井上はいっそ会ってみようと答えます。その結果一八八〇年一二月二四日か二五日に、参議大隈重信邸で会うことになり、中上川の案内で行ってみると、そこには伊藤博文も来ていました。

中上川彦次郎

その席で、井上、大隈、伊藤が口をそろえて福沢に新聞の責任者になってほしいと依頼しましたが、福沢は即答を避けます。熟考のうえ福沢は、「今の政府の政体にて今の内閣を今のままに維持するが為めに政府の真意のあるところを世上に知らしめんとするの新聞紙」ならば「断じてこれを謝絶」する決心を固めて、翌八一年一月に井上馨邸を訪問してその旨を伝えました。

すると井上は真顔になって、「しからばすなわち打明け申さん、政府は国会を開くの意なり」と述べます。井上は語を継いで、「この度我輩において国会開設と意を決したる上は、いささかも一身の地位を愛惜するの念はない。たとえいかなる政党が進出するも、民心の多数を得たる者へは、もっとも尋常に政府を譲り渡さんと覚悟を定めたり」と述べました。

さらに加えて井上は、次のように福沢に語ったといいます。

「すべてこの度の事は伊藤、大隈の二氏と謀って固く契約したものであるから、万々変わることはない。かく大事を打明けて申すからには、三参議は決して福沢を売らない、福沢もまた三氏を欺くべからず。（中略）もしこれに疑念があるなら大隈に面会して確認すれば、さらにその実証を得られるであろう。自分は生まれてから今日まで、このような大事について違約などしたことはない。」

この井上の話に福沢は感動したようです。彼は井上に、「これほどのご決心とは露知らざりし。かくては明治政府の幸福、わが日本国も万々歳なり。（中略）諭吉ももとより国のために一臂《いっぴ》を振るわん」と政府系新聞の責任者になることを承諾しています。

これまでの要約から明らかなように、井上馨は福沢に、単に国会開設だけではなく、議院内閣制までも約束したのです。「たとえいかなる政党が進出するも、民心の多数を得たる者へは、もっとも尋常に政府を譲り渡さん」という井上の発言がそれです。要談を終わった後での雑談についての福沢の記憶はもっとはっきり、二人が議院内閣制について同意したことを示しています。

「その後は雑談となり、国会開設後の有様を想像して、政党はこう分かれるだろう、その人物は誰彼だろう、もしその政党が政府を得たならば、あの人が外務卿になるだろう、この人が内務卿になるだろう。もしそうなった時は、井上君はすなわち一時落路の人になるぞ、その時には井上君は一人の国会議員として議場に出て、外国交際の事につき前《さ》きの外務卿たる本員においては云々の見込みなどと述べ立てるか、さてさて面白き事ならん。（中略）両人対話、歓を尽くして告別。」

離反――国会開設の延期

井上と福沢の会談について、ここまでやや詳しく紹介してきました。以上の記述を前提とすれば、福沢と交詢社が、イギリス流の議院内閣制、さらには二大政党制の導入に、（二年近くロンドンに滞在していた）井上馨が同意したと判断したのも無理もありません。

しかし、この時から約七カ月後の一八八一（明治一四）年七月末に井上は伊藤に手紙を送って、次のように論じています。

「もはや今日かくのごとき形勢に差し迫りたれば、やむをえぬ場合だから、早くドイツの憲法に習いその法制を細密にし、以って早く地方議員中より選挙してこれに下問議答せしめたる上に、今の元老院を通過させ〔パーストして〕、その上で一年または二年後に下院開設を布告する方が然るべき〔であろう〕。（中略）

実にイギリスの政体は、その名はコンスチチューショナル・モナキー〔立憲君主制〕なれども、その実はアメリカの共和政体よりも甚しく、イギリスのみに適当して他国が学びようのない習慣法の結果できたものである。今日の洋学者の間ではイギリスとフランスの学を修業する者多く、それ故にイギリスの制度が最良なことを知るだけで、それが他国に移植不能な理由についてはよく知らない。福沢などもまた然りである。故に、早くドイツの法に習い、わが憲法を定むるは、今日は失うべからざる好機会と愚考する次第である。」（『伊藤博文関係文書』第一巻、一六五頁）

約七カ月前の福沢との会談で、政権交代を受け容れて野党議員となり、前外務大臣として外交問題について衆議院で政府を追及する姿を二人で想像して笑い合った井上とは、とても同一人物とは思えません。

しかし先に紹介した、一八七六年にロンドンから木戸孝允に送った手紙から考えれば、この立場こそ本来の井上馨の考えであったとも言えるでしょう。五年前のこの時には、彼は、「真の学問を志す人、また真に憂国心ある人は、次第に保守的（コンソルベーチブ）になってきて、なかなか楽しいことである」と記していました。

本章で見てきた明治立憲制はここで自ら「保守」を名乗る井上馨を中心に「一八七五年四月の詔勅」によって始まりました。そして、同じく井上馨をその中心の一人とする明治政府の保守派による一種のクーデター（明治一四年の政変）の結果、一八八一年一〇月の「国会開設の詔勅」によって幕を閉じました。すでに記したように、この後者の詔勅によって、国会開設はまた九年延期されたのです。このあっけない幕切れは、保守派の井上馨と中道派の福沢諭吉とが、ともに相手の立場を自分のそれに引き付けすぎて理解したことにより、もたらされました。そして、この「立憲」の幕切れの翌年（一八八二年）の「壬午《じんご》事変」によって、「帝国」の時代が再び始まることになります。

第3章　壬午・甲申事変――「帝国」ふたたび

中国脅威論と「強兵」論の復興

いわば痛み分けに終わった一八七四（明治七）年の台湾出兵の後、清朝中国は日本を意識しての陸海軍の拡充と近代化に努めました。日本の軍事当局がそのことに気がついたのは、一八八〇年末のことです。当時は陸海両軍の統帥部であった参謀本部の本部長（のちの総長）山県有朋は、「隣邦兵備略《りんぽうへいびりやく》」と題する調査報告書を天皇に奉呈するにあたって添付した上奏文の中で、中国の脅威と、日本の「富国」から「強兵」への転換の必要を詳述しています。

山県はまず、中国の領土と人口がともに日本の約一〇倍であることを指摘します。当時の両国の人口は約四億と約四〇〇〇万でした。その比率は一三七年後の今とほぼ同じです。

日本の約一〇倍の領土と人口を持つ大国中国が、日本の台湾出兵からまだ六年も経たない間に、質量ともに軍備を拡充しました。巨大な造船所を設立して軍艦を次々に造り（当時の中国が自力で軍艦が造れたとは思えませんが）、各地に兵器工場を設立し、主要な港には砲台を設置し、イギリス式やドイツ式の陸軍を訓練している、と山県は記しています。

軍事に関してはすぐれたリアリストで、その観点から六年前には陸軍卿として対中開戦に反対した山県にとっては、中国の近代化、強国化の進展は手放しで喜べることではありませんでした。日本と中国が手を握って欧米列強のアジア進出に立ち向かうという構図の他に、両国がライバルとして正面から向き合う姿もあったわけです。彼の言葉でいえば、「それ隣邦兵備の強き、一は以って喜ぶべく、一は以って畏るべし」、なのです。

そのような山県にとっては、台湾出兵後に大久保利通内務卿の下で進められてきた「富国」第一主義（殖産興業）は修正されるべきものでした。彼は「富国」と「強兵」の優先順位を逆転して、次のように論じています。

「兵にして強ければ、国民の士気はじめて旺《さか》んになり、国民の自由はじめて語ることができ、国民の権利はじめて論じることができ、平等な対外関係を守り、貿易の利益を得ることができ、国民の富実を守ることができる。古来、「富国」と「強兵」とはお互いに本となり末と

なってきたのである。」(『山県有朋意見書』九三頁)

最後のところでは双方対等の形をとっていますが、文全体は明らかに「強兵」第一主義です。

日朝関係の変化と日中対立の再来

山県有朋参謀本部長の下で陸海軍が中国脅威論を強調していた一八八〇(明治一三)年には、外務省は日朝関係の緊密化を計っていました。一八七六年の日朝修好条規(江華島条約)で定められた元山津、仁川両港の開港を、日本側が軍事的圧力を用いてでも実現しようとしたのです。

花房義質

しかし、朝鮮側にも大きな変化があらわれていました。同国の実権を握る保守派が中国に依存しているのに対し、日本と結んで国内の改革を行おうとする勢力が台頭してきたのです。先の山県上奏文の約三カ月後の一八八一年二月に、朝鮮駐在日本公使の花房義質《はなぶさよしもと》は、朝鮮国内で日本に接近しようとしているのは、「学識も財力もありながら、それに相応する地位を政府内で得られない者たちで、多少海外の形勢も理解し、韓国内政の改革を欲している者」たちである、と報じています（『日本外交文書』第一四巻、三三二頁）。これに反して、日本との通商に反対している現政権は、大官高爵を得て自分らの地位の保身にしか関心のないもので、彼らが、大国中国に依存して反日的な態度をとっている、と花房は理解していました。

このことから明らかなように、日本政府が親日的な改革派の援助を通して日朝関係の改善を図れば、保守派は中国との関係を密にし、日朝関係は日中関係に影響します。そしてその中国は、数年前の台湾出兵時からは想像できないほど、軍事的な近代化に成功していたのです。

福沢諭吉の奇妙な「アジア主義」——中国の過小評価

中国が強国になっている時に朝鮮内部が親中派と親日派に分かれるという状況は、日本にとっては相当な難問でした。

明治政府や言論界が山県有朋のような冷徹な中国認識を持っていれば、朝鮮国内の親日派の台頭に安易に依存することなく、対中軍拡に努めたでしょう。しかし、欧米列強の外圧だけを念頭に置いてきた日本の指導者の中には、中国を過小評価する者も少なくありませんでした。

欧米文明吸収の先達であった福沢諭吉も、その一人です。
朝鮮の親日改革派を中心に約六〇人の視察団が訪日したすぐ後の一八八一（明治一四）年九月に刊行された『時事小言』と題する長文の冊子の中で、福沢は中国が日本のように急速に近代化することはありえないとして、次のように記しています。

「近年は支那人もやや開成の企てある様子なれども、それは千万分の一程度にすぎず、簡単にその力を全国に及ぼすことはできない。支那を近年の文明に移らせるためには、支那人全体の人心を改造しなければならず、とても日本の先例にならって速成を期することはできない。」（『福沢諭吉全集』第五巻、一八六頁）

福沢諭吉

他方で福沢は、前記の訪日使節団中の二人の朝鮮指導者が慶應義塾に入塾したことで気を良くしていました。彼は滞米中の高弟小泉信吉らに宛てた手紙の中で、この件につき次のように報じています。福沢の心情がよく表われた手紙なので、できるだけ原文に近い形で紹介しておきましょう。

「本月〔六月〕初旬、朝鮮人数名、日本の事情視察のため渡来、その中壮年二名本塾に入社いたし、二名ともまず拙宅に住まわせ、やさしく誘導いたし居り候。まことに二十余年前の自分の事を思えば、同情憐れむの思いを禁じえない。……右を御縁として、朝鮮人は貴賤となく度々拙宅へ来訪し、その話を聞けば他でもなく、三十年前の日本である。何卒今後は良く附合い開ける様にいたしたい事である。」（同前書、第一七巻、四五四頁）

二人の朝鮮人の来日を幕末の自分の渡米渡欧（一八六〇、六二年）に、彼らが語る朝鮮の実情をペリー来航時（一八五三年）の日本に重ね合わせているのです。前者が約二〇年前、後者が約三〇年前のことでした。

先に記したように、福沢は中国の近代化、あるいはその「富国強兵」の実現は、ずっと先のことだと思っていました。そのような時に朝鮮の若き指導者たちが、日本に学んで同国の近代化を計りたいと言ってきたのです。福沢が中国に敵しても朝鮮の近代化を助けたいと思ったとしても、不思議ではありません。日本の外務省、特に朝鮮駐在の外交官たちも、同じ思いで活動していました。

しかし、今も昔も、言論人の表現は誇大になりがちです。『時事新報』という新聞で自己の時論を展開していた福沢の場合も同じでした。彼は、中国がまだ弱い間に朝鮮を親日化させようとは言わずに、日本には欧米列強のアジア進出から中国と朝鮮を守る責任がある、と唱えたのです。福沢は、前記の『時事小言』の中で大要次のように論じています。

「今、西洋の諸国が威勢をもって東洋に迫る有り様は、火事が蔓延するのと同じである。それなのに東洋諸国、特にわが近隣なる支那朝鮮などの遅鈍にして、西洋諸国の勢に抗しえないのは、木造家屋が火事に抗せないのと同じである。ゆえに、わが日本の武力をもってこの二国を応援するのは、単に彼らのためではなく、わが国のために必要なのである。武をもってこれを保護し、文をもってこれを誘導し、すみやかに日本の例にならって近時の文明に入らせなければならない。やむをえない場合には、力をもってその進歩を脅迫するも可である。」（同前書、第五巻、一八七頁）

ここで福沢が「支那」と「朝鮮」を同列に位置づけて、その保護や文明化の強要を唱えているのは、筆の走りすぎであり、明らかな勇み足でした。中国の近代化の速度に読み違いがあったとしても、福沢が日本の力で「中国」を保護したり改革したりできるとまで思っていたはずはないからです。この一文はすべて「朝鮮」だけを念頭に置いて書かれたものでしょう。

中国は「強国」になっていた――壬午事変

正しかったのは山県有朋の中国認識のほうでした。一八八二（明治一五）年七月、朝鮮で反日派のクーデターが起こり、国民の大半がこれを支持したのです。国王の生父大院君が政府内から親日派を一掃し、それに呼応するかたちで民衆が日本公使館を包囲して投石する者もあらわれました。

公使館の警備は朝鮮政府の義務ですが、反日政権はその履行に消極的でした。外部との情報を遮断された公使館員たちはパニック状態に陥り、自ら公使館に火を放ち、二八名一団となって公使館を出て王宮に保護を求めます。しかし王宮は門を閉めたまま応答がないので仁川港に到り、イギリスの測量船に乗せてもらって日本に帰国しました。この間、数名の公使館員と朝鮮兵の調練にあたっていた四人の日本将兵が殺生されました。以上が日本公使館書記官近藤真《ま》鋤《すき》の報告書にもとづく、「壬午事変」のあらましです。

欧米列強（実は中国）の進出から朝鮮を守り、その近代化を援助しようとしていたはずの日本が、ほかならぬその朝鮮政府と国民の反日化によって、公使館を一時引き払い、本国に引き返させられたのですから、日本政府にとっては相当に屈辱的な事態でした。

しかし、日本政府には、この時点で、事件の背後にあった中国政府と一戦するつもりはありませんでした。中国政府も反日クーデターを起こした大院君を中国に連れ去り、事態を事件前の状態に戻します。この結果、中国の介入で日本と朝鮮の間に、いわゆる済物浦《さいもっぽ》条約（「明治十五年京城暴徒事変に関する日朝善後約定」）が結ばれ、日本公使館襲撃犯人の処罰と、公使館護衛のための日本兵の館内駐留の承認、日本人被害者への賠償の支払いを、朝鮮政府が認めました。

しかし、これで一件落着とはいきません。

第一に、事件解決に重要な役割を果たした中国の朝鮮政府に対する影響力が増大しました。陸続きの上に強国化した中国は、朝鮮駐在公使袁世凱《えんせいがい》の要請（形式的には朝鮮政府の要請）により、いつでも朝鮮に大軍を送ることができたのです。

第二に、日本公使館や国内の軍部や言論界は、中国に対する反感を強めていきました。もはや福沢諭吉のように、欧米列強から「支那朝鮮」を守るなどと悠長なことを言っていられなくな

朝鮮地図

ってきたのです。

海軍軍拡へ

すでに記したように、日本の陸海軍は壬午事変以前から中国の強国化に注目していました。当然のことながら、事変後に海軍は軍拡を求め、三年間で二四隻の軍艦を購入することを政府に要求しました。この要求にあたって海軍卿の川村純義は、この軍拡が中国の強国化に対応するものであることを、次のように明言しています。

「支那の近況を見るに、力を軍備に尽くし、海軍を整備する、実に前日の比にあらず。かれの今日備うるところの大小軍艦、すでに六十余隻に至るも、なお内外にて製造中の軍艦、砲船、水雷艇など許多《あまた》あり。」(「樺山資紀関係文書」)

この意見書が書かれた一八八二(明治一五)年一一月は、「松方デフレ」の名で知られる松方正義《まつかたまさよし》(大蔵卿)の超緊縮財政の最中です。大蔵省には三年間で二四隻もの軍艦購入を認める余裕はなく、毎年三隻、三年間で九隻の購入が認められただけでした。しかし、流れは明らかに、中国に対抗する海軍軍拡の方向に向かったのです。

言論界において中国に対抗する軍拡を支持鞭撻《べんたつ》したのは、ほかならぬ福沢諭吉でした。わずか一年二カ月前の『時事小言』での、「支那朝鮮」を日本が欧米列強から守るという主張を自らあっさり放棄して、八二年一一月に『兵論』と題する冊子を刊行し、中国の強国化に警鐘を鳴らしたのです。

哲学者よりは新聞記者のほうが変わり身の早いことは、今日のわれわれもよく知るところです。しかし、福沢は、平然と一年少し前の自分の主張を批判の対象とする、研究者泣かせの言論人でした。この本で福沢は『時事小言』での自分の主張を、次のようにひっくり返しています。

川村純義

「支那人を文弱なりとしてこれを軽侮するのは、日本の軍人たちの習性で、当を得たものではない。また政治学者の間でも支那人を軽侮するものが多いが、これにも感服できない。これらの政治学者たちは、次のように言う。
兵を強くして国を護るには民心の一致が必要である。

民心を一致させるためには、国民おのおのが政治思想を持って護国の念を発する以外に途はない。支那の政治風俗のごときは全くこれに反するものである。

これを要約すれば、専制政府の下に強兵なしということになるが、これは学者の空論にすぎない。百年単位の話ならばそのとおりかも知れないが、「軍国兵馬」の事は、眼前のことである。「圧制政府の兵にても自由政府の兵にても、強き者は勝ち、弱き者は敗す」であろう。」(『福沢諭吉全集』第五巻、三〇七頁)

結論の部分は、あられもない「力は正義なり」ですが、問題はそこにはありません。ここで福沢が要約して批判している、国民レベルでの文明化に遅れている中国は「兵を強く」できないという主張は、先に紹介したように一年少し前の福沢自身の議論です。『兵論』の中で福沢はそれを逆転して、国民レベルでの文明化に遅れようと、専制政治であろうと、強い国は強く、現に今の中国は「強国」である、と主張しているのです。

福沢のこの大転換の原因が、壬午事変における中国の威力と朝鮮国内における親日派の後退にあることは、容易に推測がつきます。重要なのは、福沢が、参謀本部長山県有朋から先に記した「隣邦兵備略」を借りて、それに依拠してこの『兵論』を書いたという点です。彼は本書の中で、「隣邦兵備略」を四頁近く引用しており(同前書、三〇八―三一二頁)、本書刊行直後の山県宛の手紙で同資料閲覧に力を貸してくれたことを感謝し、同書を数部山県に献本する旨を記しています（『福沢諭吉全集』第一七巻、五二三頁）。

朝鮮改造の挫折——甲申事変

日本の軍部も出先の外交官も、また福沢諭吉のような言論人も、壬午事変で「朝鮮の改造」や「保護」の旗を降ろしたわけではありません。しかしその相手は、もはや欧米列強ではなく、アジアの強敵中国になりました。欧米列強のアジア進出に対抗するという「アジア主義」的な正当化は困難になってきたのです。

日本と中国が朝鮮の支配をめぐって相対峙し、朝鮮国内で親日派と親中派が対立しているという状況の下で、中国が今のベトナムにあたる安南の支配権をめぐってフランスと戦端を開きます。壬午事変以後朝鮮国内で劣勢を強いられてきた日本公使館と朴泳孝や金玉均らの親日派は、一八八四（明治一七）年一二月、これを好機としてクーデターを断行しました。甲申事変《こうしん》です。朴泳孝らが王宮を占拠して、日本公使館に国王護衛のための派兵を要請し、日本の公使館守備隊が国王のいた離宮を単独で「護衛」します。朴泳孝や金玉均は、日本兵に「守られた」国王に任命されて、新内閣を組織したのです。

しかし「強国」化していた中国が、一旦は排除された朝鮮の親中派とともに、簡単にこのクーデターを鎮圧しました。中国公使袁世凱が、日本守備隊の四倍に当たる約六〇〇名の兵を率いて王宮に攻め入り、国王を日本兵の手から奪回したのです。敗れた日本側は竹添進一郎《たけぞえしんいちろう》公使以下、守備兵約一五〇名、公使館職員とその家族約三二〇名が一団となって公使館を脱出し、仁川の日本領事館に避難しました。以上が甲申事変の概要です。

朝鮮の国内政治において親日改革派が一掃され、日中間の力関係では中国が日本を圧倒したこの事件は、これまでの日中朝三国の関係を一変しました。一八八〇年末に参謀本部長の山県有朋が警鐘を鳴らしたことが、現実のものになったのです。

戦争となれば必勝の算あり？

日本国内では、言論界や政府内の一部が、このような事態を屈辱的なものとして、中国と一戦することを主張しました。なかでも、朝鮮政府内の親日派を改革派として応援してきた福沢諭吉の『時事新報』は、その最たるものでした。事変直後の社説（一八八四年一二月二七日）は、「戦争となれば必勝の算あり」と題して、次のように論じています。

「支那軍制が腐敗していることは、世人のよく知っているところである。……合わせて百万以上と傲語しているが、実際は西洋式の銃器を備えて実用に堪える者は、五、六万にすぎない。また軍艦百艘余りあるといえば日本海軍の四倍以上の海軍力があるようにひびくが、その実は紙張子の砲銃船艦で、太平の世の飾り物にすぎない。たしかにそれらは鉄製のものではあるが、それを使用する人は木偶《でく》同様だからである。

　これに対して日本陸軍には常備兵四万人に予備役、後備役の軍人を合わせて十五万の将兵がいる。これで不足ならば、わが国には、士族という名で勇猛果敢なかつての武士が四十万人も残っている。……いざ支那との戦争となれば、常備兵と士族兵で五十万の精兵を得ることは、困難ではない。……もしこの戦争に勝てば、わが日本の国威たちまち東洋に輝くだけではなく、遠く欧米列国の畏敬するところとなり、……百事同等の文明富強国として、永く東方の盟主と仰がれるであろう。」（『福沢諭吉全集』第一〇巻、一六〇―一六一頁）

先に記したように、わずか二年前の福沢は、山県有朋の助けを借りて中国の陸海軍の実力を正確に理解していました（『兵論』）。それが一旦朝鮮支配をめぐって日本が中国に圧倒されると、ここまで冷静さを失ってしまったのです。

　もちろん、『福沢諭吉全集』に収録されているからといって、『時事新報』の社説のすべてを福沢自身が書いたわけではありません。しかし、この社説の掲載に福沢が同意したことは確かでしょう。この社説の筆者は、この一文を次のように結んでいます。

「わが輩今日この日本国に生息するただひとつの希望は、この国の独立を見届けんとするにあり。この希望さえ達せられれば、わが輩の一身もはや愛《お》しむに足らず、進んで北京に討死すべし。わが輩の財産もはや愛《お》しむに足らず、挙げてこれを軍費に供すべし。日本全国を挙げて皆すでにこの覚悟でいる。今回の朝鮮の事変が破裂して、日本と支那の戦争となることがあれば、必ず日本が勝利すると断言できる。」（同前書、一六一―一六二頁）

一旦日中戦争が近づくと、言論界はここまで好戦的になってしまったのです。

伊藤博文による戦争回避――天津条約

このような言論界の強硬論に呼応する者は政府内部にもかなりいました。ちょうど一〇年前の台湾出兵のときと同じように、海軍を中心とする旧薩摩藩系勢力がそれです。

当時の政府は、まだ内閣制度ができる前で、公卿の三条実美が太政大臣、皇族の有栖川宮熾《ありすがわのみやたる》仁親王《ひとしんのう》が左大臣の地位にあり（右大臣は岩倉具視の死で空席）、その下に、旧長州藩系と旧薩摩藩系の政治家が、同格で参議を務めていました。旧両藩以外からは一人も参議になっていないのですから、完全な「薩長藩閥政府」ですが、両派の参議は「大臣」ではないので権限は平等で、数も同じでした。旧長州からは伊藤博文、井上馨、山県有朋、山田顕義《あきよし》、旧薩摩からは、西郷従道、川村純義、大山巌《いわお》、松方正義です。このうちの松方を除く旧薩摩系参議が言論界と同じく開戦論だったのですから、開戦反対の長州派の立場は相当に困難なものでした。

しかし、伊藤をはじめとする長州派参議にとっては、対中開戦などは論外でした。

第一に、正当性がありません。先に記したように、甲申事変は、日本の駐朝鮮公使館を守るための守備隊が、朝鮮のクーデター政権の要請でその権限外の朝鮮国王の防衛のために出兵したものです。クーデターで倒されたそれまでの朝鮮政府の側から見れば、日本公使館とその守備隊もクーデターの一味でした。

朝鮮の旧体制の軍事力でこのクーデター政権を倒せば、それは完全に正当な行為で、日本公使館と守備隊、ひいては日本政府は、新政権によって責任を追及される立場になったでしょう。

伊藤博文

幸い朝鮮にはその力がなく、中国公使館の軍事力に頼ったため、日本と中国とは五分五分の関係になりました。日本の守備隊が朝鮮国王を守るというのは明らかな越権行為でしたが、その日本軍を朝鮮軍ではなく中国軍が攻撃するというのも、正当な行為とは言えなかったからです。

事態の解決は日中双方の痛み分け以外にはありませんでしたが、先にも記したように、それには詳しい事情を知らないで激昂する言論界の非難を一身に受ける覚悟と、また政府内で勢力の拮抗する薩摩派の参議や軍人を説得できる能力を持った政治家の登場が必要でした。一〇年前（一八七四年）の大久保利通の役割を担ったのは、長州派の参議伊藤博文でした。彼は日中交渉の全権として一八八五（明治一八）年二月に横浜を発ち、四月四日から天津で中国全権の李鴻章《りこうしょう》との交渉に入りました。

全権を引き受ける前から伊藤は、世論や閣内強硬派の動向は十分承知していました。八五年一月の盟友井上馨への手紙で、彼は次のように記しています。

「国内の人心の動静は、この際十分に注意が必要だと思われる。そのわけは、朝鮮の変乱の罪は全く支那と朝鮮にあり、とりわけ支那の罪が大きいと曲信させる新聞社説の教唆の力や、日頃不平を抱いてきた者が事を大きくしようとする煽動があり、さらには今回の事変の真実を知らないで疑惑を抱く者は各県の旧武士（士族）だけではなく、軍人官吏の内にも存在しているからである。」（『伊藤博文伝』中巻、三九九頁、現代文化した）

この手紙の日付は一月二一日で、伊藤が横浜を出帆したのは二月二八日です。伊藤はそれを覚悟で、李鴻章との交渉に赴いたのです。

四月四日から始まった李鴻章と伊藤との和平交渉は、伊藤の側の大幅な譲歩で二週間後の四月一八日には「天津条約」として成立しました。詳しい経緯を省いて調印された条約の内容だけを記せば、それはわずか三条からなるもので、第一に、日中両軍の朝鮮からの撤兵、第二に両国による朝鮮軍の教練のための将校派遣の中止、第三に、両国のいずれかが朝鮮への出兵を必要とする事態が生じた時には相手国に「行文知照」すること、です。『日本外交史辞典』によれば「行文知照」とは、「相互に通知すること」です（六二一頁）。

この条約の意味は明快です。日中両国は朝鮮への軍事介入を中止するという条約です。この条約で一八八二年から八四年にかけて生じた日中間の緊張は、しばらく緩和したことは確かです。

しかし第三条の「互いに行文知照」するという規定は、その時には全面戦争になることを予感させる条文です。今度出兵する時は相手国に「宣戦布告」するとも読めるからです。それまでの間、両国は表面では平和を維持しながら、裏面では軍備の拡張につとめることにならざるをえないでしょう。

第4章 日清戦争——「帝国」の誕生と「立憲」の定着

第Ⅰ部の第1章と第3章では一八七四（明治七）年の台湾出兵から一八八五年の天津条約にいたる約一一年の日中対立の歴史を、その間の第2章では七五年から八一年までの国内における民主化運動の変遷を検討してきました。

「帝国」と「立憲」の相互関係を描くのが本書の目的ですが、それでもこの二者は相互に関係しながらもおのおの独立した変数です。外交には外交の、内政には内政の独自の論理もあります。そこで前三章では、一応それらを独立した事象として分析しながら、必要に応じて相互の関係に言及するという方式を採用しました。しかし、第Ⅰ部の終わりにあたる第4章では、帝国化の歴史と民主化の歴史を、ひとつの章の中で描いてみたいと思います。本書の意図をより明確にするためでもあり、また、前三章の時代と比べて、本章の時代には、「帝国」と「立憲」の関係がより密接だったためでもあります。

国会開設の前に軍拡を

戦前の日本では、天皇の公約は絶対的な重みを持っていました。それは一面では、戦後の日本近代史研究が強調してきた「天皇制絶対主義」という理解を支持するものです。

しかし、一八八一（明治一四）年一〇月に天皇が九年後の一八九〇年に国会を開設すると公約した以上、この九年間に国際情勢がいかに変化しても、九〇年には国会を開かなければなりません。「天皇制絶対主義」は、天皇の公約を守るために「天皇制立憲主義」に移らなければならなかったのです。

国会を開く以上、その前に憲法を制定しなければなりません。「天皇制絶対主義」の対極にある「人民主権」の考えによれば、まずは憲法制定のための国民会議を開いて、そこで草案を審議して憲法を決定するのが筋になります。しかし、当時でも成年男子だけで一〇〇〇万人は超える日本で、そのすべてを一堂に集めることは不可能です。何らかの代表制が必要です。しかし、代表制の基準を決めるには、やはり憲法の方を先に制定しなければなりません。

詳しいことは拙著『日本近代史』に譲るとして、結論だけを記せば、一八八〇年から八一年にかけての自由民権運動の全盛期には、憲法と議会についての基本的な考え方は、三つに分かれていました。

第一は、政府の主流だった保守派の主張で、政府権限が強く議会権限の弱い憲法を、議会の開設の前に天皇の名で制定しようというものです。天皇が定めて国民に公布する憲法を「欽定憲法」と言います。しかし忘れてはならないのは、このような保守的な憲法案でも、一八九〇年に開設される議会には予算審議権が与えられることになっていた点です。言い換えれば、一八九〇年以後は、議会の同意なしには陸海軍軍拡を行えないことになります。

第二は、一八八一年一〇月の政変以前は政府内のリベラル派で、政変後は在野勢力として立憲改進党（以下、改進党）を結成する、大隈重信ら中道派の憲法論です。保守派のとは違って議院内閣制を明確に規定した憲法案ですが、民間の支持が弱かったので、陸海軍も含めた保守派にとっては、それほど脅威ではありませんでした。

問題は第三の、憲法そのものにはあまり関心を持たなかった急進派です。このグループは、憲法そのものではなく衆議院を握ることをめざし、農村地主を中心とする地方の有力者たちの支持を固めていました。

このグループ（自由党系）は、前章で記した一八八五年の天津条約の締結前後には、「政費節減・民力休養」（行政費を減らして減税を行え）をその基本政策として確立しました。行政費の削減と減税（地租軽減）を訴えて、農村地主らの支持を集めたわけです。

陸海軍を含めた保守派にとっての強敵は、この急進派でした。一八九〇年に開設される議会でこのグループが多数を占めるであろうことは、それ以前から予見できていました。そうなると、一八九〇年以降は、日本の対外政策上いかに中国が「脅威」であろうと、減税を求めて行政費の削減を要求する議会では、陸海軍軍拡予算は通りません。

このことから明らかになるのは、次の二点です。

第一に、政府側としては、一八九〇年の議会開設までの間に（より正確に言えば一八九一年度予算案の衆議院による審議の前に）、陸海軍軍拡を完了しておく必要があったことです。八五年四月の天津条約締結の時には、八九年に制定される憲法に「前年度予算施行権」が規定されることは、政府側には明らかでした。これは、（政府と議会が妥協に到達しないなど）予算が不成立となった場合には前年度の予算が施行されるという規定です。議会開設後には陸海軍事費の増額には議会の同意が必要になり、しかもその同意を得るのは不可能に近かったのですが、それ以前に増額しておけば、陸海軍事費は、この「前年度予算施行権」で（前年度規模の歳出までは）守られるわけです。

当時の政府関係者がこのことをどこまで明確に自覚していたのかは分かりませんが、天津条約で対中和解をした翌年の一八八六年から九〇年の議会開設までの丸四年間に、日本政府は四八隻の軍艦を欧米から購入する計画に着手しました。財源は四回にわたる海軍公債です。こうして一八九〇年に国会が開設した時には、対中戦争に備えた海軍軍拡は、基本的には完了していました。

衆議院と政府の対立——軍拡の停滞

第二に、一八九〇（明治二三）年の国会開設以後の数年間は、衆議院の多数を占める自由党や改進党の「政費節減・民力休養」要求のため、対中戦争に備えての陸海軍軍拡は停滞します（新規の予算増額は困難でした）。これは想定内のこととはいえ、いつまでもそのままでは、また中国に抜かれるかもしれません。

井上毅

伊藤博文や内閣書記官長の井上毅が外国人顧問の力も借りて練り上げて策定した大日本帝国憲法（明治憲法）には、先に記した前年度予算施行権（第七一条）のほかにも、議会の勝手を許さないための条文が用意されていました。たとえば、行政費の削減は政府が拒否できました（第六七条）。しかし、立憲政治をうたう以上、予算の増額と租税の増加には、議会の権限を認めないわけにはいきませんでした。それを認めないなら、だれも議会に関心を持たなくなり、憲法を定め、議会を開く意味がなくなってしまうからです。大日本帝国憲法全七六条のどこを見ても、政府が勝手に陸海軍事費を増額できるという条文はありません。

大日本帝国憲法の弱点を嘲笑うかのように、一八九一年度予算の審議でも九二年度のそれでも、衆議院は政府に官庁経費の一割減を迫り、それに応じない政府に陸海軍事費、とくに海軍の軍艦購入費の承認を拒みました。追いつめられた政府は、九一年末に衆議院を解散し、警察力まで使って選挙干渉を行いましたが、翌年二月一五日の総選挙でも、政府反対派が勝利しました。五月に開かれた第三議会（解散後の短期間の特別議会）でも、九三年度予算を審議する第四議会（九二年一一月～九三年二月）でも、衆議院は行政費の削減を求めて、それを認めない限り、軍艦製造費の増額に同意しないという態度をとりつづけました。

議会開設以来続く政府と衆議院の正面衝突は、駐日中国公使館から本国政府に報告されていました。しかもその衝突によって、日本の軍艦製造費は全く増えないのです。中国政府は日本に対する警戒感を弱めたものと思われます。

もちろん、こうした政府と衆議院の正面衝突を解消するための努力が払われなかったわけではありません。時の第二次伊藤博文内閣と衆議院第一党の自由党指導部との間では、第一議会以来の手詰まり状態の打開のための妥協交渉が、水面下で行われていたのです。

しかし、政府が掲げてきた「富国強兵」と、衆議院の多数党（自由党と改進党）が主張してきた「政費節減・民力休養」とは、あまりにも正反対で、妥協点を見つけるのは大変な作業でした。

こういう時には外国の脅威を強調して国民のナショナリズムを煽る手法が、政治の世界ではよく見られます。しかし、これまで明らかにしたように、日本国民は一貫して中国の力を過小評価してきましたから、中国がナショナリズムの対象となることはありませんでした。

もちろん、いま対象としている国会開設前後の日本にも、ナショナリズムの高揚はありました。しかし、このナショナリズムは欧米列強を相手にしたもので、その内容は西洋文明の過度な輸入に反対し、日本の伝統を尊重せよというものでした。明治政府が掲げてきた「富国強兵」は、彼らの反対する西洋文明を吸収して、日本を欧米諸国が賞賛する近代的な国家にしようというものでしたから、このようなナショナリズムとは相容れません。

このナショナリズムはまた、政策面では、「勤倹尚武」、すなわちムダを省いて民力を休養させて国民に護国の念を抱かせようとするものでもありました。政府に反対する衆議院多数派の「政費節減・民力休養」論のほうに、むしろ近いものだったのです。ナショナリズムは対中戦争を準備しようとする政府の助けにはならなかったのです。

和協の詔勅

そうだとすれば、天皇の名で制定された憲法の機能不全——それにより対中軍拡が全く進まない事態——は、天皇の名で解決する以外にありませんでした。一八九三（明治二六）年二月一〇日の「和協の詔勅」は、これまでに紹介した二つの詔勅とは違って、従来の日本近代史研究ではあまり注目されてきませんでしたが、対中戦準備のための海軍軍拡にとっては、きわめて重要な意味を持つものだったのです。

この詔勅で重要な点は、三つあります。

その第一は、対外関係の重大性の強調です。次の一文がそれを示しています。

「顧みるに、世界列国の進勢は日一日急となっている。そのような時に当たって日本国内で紛争が続き、遂に国家の大計を忘れ、国運進張の機を誤るようなことがあっては、朕が祖宗の威霊に対して申しわけないし、また立憲の美果を収める道でもない。」（『明治天皇紀』第八巻、二〇五—二〇六頁、現代文化した）

ここでは「世界列国の進勢」と表現されていますが、それは具体的には「中国の進勢」と理解しなければなりません。誇大な表現の真の意図を理解することは、今日でも大切なことです。

第二点は、ここでは詳しく記しませんが、既存の行政費を削減することに同意できないという政府の立場は、憲法の条文上の解釈としては正当であるが、天皇自身は政府に対して「行政各般の整理」について自発的につとめるよう促すつもりである、という言葉でした。政府に「名」を与えて、衆議院に「実」を約束するものだったのです。

第三点として、日中関係史を中心とする本書にとって一番重要なのは、この詔勅の次の一文です。少し読みにくいですが、原文に近い形で引用させてもらいます。

「国家軍防の事にいたっては、苟《いやしく》も一日を緩くするときは、あるいは百年の悔を遺さん。朕ここに、宮廷内の費を省き、六年の間毎年三十万円を政府に下付し、また「文武の官僚」に命じ、特別の情状ある者を除くほか、同じく六年間その俸給の一割を返上させて製艦費の補足に充てさせる。」（同前書、同頁）

だから、議会も政府提案の軍艦製造費を承認してほしい、という詔勅なのです。

欧化主義とナショナリズム

この詔勅が出た第四議会では、第一党の自由党が全三〇〇議席中の九〇議席、政府支持党の国民協会が七〇議席を占めていました。先にも触れましたように、この「和協の詔勅」は第二次伊藤内閣と自由党の水面下での妥協交渉の産物でしたので、その後は自由党と国民協会とで三〇〇議席中の一六〇議席を占め、政府は対中戦争準備に専念できるはずでした。

しかし、事はそう簡単には運びませんでした。中国と戦争を始めるためには、国内の政治対立を解消するだけでは不十分だったからです。欧米列強、なかでもその中核をなすイギリスが好意的中立の立場をとってくれることが必要だったのです。

もしイギリスが幕末に日本と結んだ不平等条約の改正に同意してくれれば、それがイギリスの日本支持のサインになります。時の外務大臣陸奥宗光《むつむねみつ》は、次の第五議会の終わりに、次のように演説しています（一八九三年一二月二九日）。

「条約改正の目的を達成せんとするには、要するに、わが国の進歩、わが国の開化が、真にアジア州中の特例である文明強力の国であるという実証を、外国に認めさせせなければなりま

せん。これが条約改正を達する大目的であります。」(『帝国議会衆議院議事速記録』第七巻、二五三頁)

「外国」すなわち欧米諸国が、日本の欧米化が中国のそれに優るのを認めてくれることが、条約改正の意義だったのです。

このような「欧化主義」には、ナショナリズムの強い反発がありました。彼らは、条約改正のためには何も欧米に媚びて日本の伝統を壊さなくても、いま存在する不平等条約を額面通り実行して、滞日している欧米人を横浜や神戸などの居留地内に閉じ込めて、商業も旅行もできなくしてしまえばいい、そうすれば彼らは音を上げて改正に同意する、と主張しました。

陸奥宗光

議会開設以来、政府の「富国強兵」論を支持してきた与党国民協会は、同時に強烈なナショナリストの政党で、この「現行条約励行」論に同調しました。先に記した一年前の「和協の詔勅」の時点では、九〇議席の自由党とともに第二次伊藤内閣の与党となっていた国民協会が、その年の末の第五議会では、政府の反対党になっていたのです。議席数は六八で、前議会とほとんど違いませんでした。それに改進党などの他の野党を加えれば、衆議院の過半数が「現行条約励行」派に握られることになります。

議会内だけではなく、言論界もこの反欧米の「条約励行」論を支持しました。九四年五月には、全国七六の新聞、雑誌の代表一七六人が集まり、「条約励行」派を全面的に支持する声明を出しています。

反欧米のナショナリズム自体は、政府の「富国強兵」政策にも、中国に対する戦争準備にも、直接の妨げにはなりません。しかし、伊藤首相や陸奥外相がめざしていたように、日本の近代化に対して国際的な評価を受けるためには、明らかな妨げになります。欧化を求めているのは政府だけで、日本の世論は欧化に反対し、条約改正に反対であることが明らかになってしまうからです。

言論界を黙らせることはできませんでしたが、政府は衆議院に対しては妥協せず、解散に解散を重ねました。一八九三（明治二六）年一二月には第五議会を解散し、総選挙後の九四年六月には第六議会を再度解散したのです。議会開設後三年半の間に、衆議院は三回も解散されているのです。

日清戦争へ

駐日公使館からこのような日本国内の分裂状況を報告されていた中国政府は、朝鮮国内の農民反乱（東学党の乱）の鎮圧を朝鮮政府から要請されると、一八九四（明治二七）年六月、天津条約締結以来九年ぶりに朝鮮に派兵し、同条約に則ってその旨を日本政府に通知してきました。対抗して日本政府が出兵することはできないと判断したようです。

中国側がそのように理解したのにも、一理ありました。一八九三年末から翌九四年五月にかけての政府と衆議院の対立は、それ以前とは違って欧米列強に対して協調的姿勢で臨むか、強硬的な態度をとるかの対立でした。政府が前者を、自由党を除く六派（当時彼らは「硬六派」と呼ばれていました）が後者を主張していたのです。

欧米列強に対抗するナショナリズムなら、東アジアの隣国である中国には友好的な態度をとるのが常識だと思います。中国側がそう理解したとしても無理はないのです。しかし、すでに天津条約にいたる経緯を見た際にも、日本の言論界は中国を敵視すると同時に軽視していました。日清戦争（第一次日中戦争）の直前の「条約励行」派も同様でした。彼らは、壬午・甲申事変で朝鮮支配に失敗し、天津条約で中国に屈辱的条約を呑まされた伊藤博文の内閣が、それよりはるかに強力な欧米列強に条約改正を迫れるはずがない、と批判していたのです。

のちに「憲政の神様」と尊敬される犬養毅《いぬかいつよし》の第六議会での演説は、引用するのが恥ずかしいような言葉で、朝鮮と中国の劣等性を強調していました。彼らのナショナリズムは欧米列強に向けられたものでしたが、朝鮮や中国と一緒になって欧米からアジアを守ろうとする気持ちは全くないナショナリズムだったのです。

このような政府反対、欧米化反対のナショナリズムは、一旦中国との戦争が始まれば、一転してこの戦争を全面的に支持して、政府批判を中止する性格のものだったのです。

中国政府が出兵を日本に通告してきたのが一八九四年六月六日、日本政府が公使館保護のための出兵を中国政府に通告したのが翌七日ですが、両政府とも通告に先立ってすでに軍隊を出動させていました。ただ、陸続きの中国軍の方が先に到着し、日本軍が朝鮮の首都漢城（いまのソウル）に着いた時には、中国軍の手によって東学党の反乱はすでに鎮圧されていたのです。

しかし、日本政府は今回の出兵を日中全面戦争に持ち込む決意を固めていました。

すでに明らかにしたように、言論界の非難を一身に集めて天津条約を結んで朝鮮からの撤兵を余儀なくされて以来、日本政府は中国を仮想敵とする軍拡につとめてきました。本章で記した一八九三年二月の「和協の詔勅」で、天皇自ら宮廷費の削減まで行って衆議院の同意を求めた軍艦の製造も、イギリス相手に一戦するためのものではありませんでした。日本政府は天津条約締結の時から丸九年かけて、対中戦争の準備を行ってきたのです。
六月二七日付で陸奥外相が伊藤首相に送った手紙には、日本政府の開戦決意がよく示されています。

「朝鮮に派遣された中国兵は自信満々に見えるが、本国政府は増兵を避けようとしている。だから、もし日中間の破裂が避けられないならば、この機を失ってはならない。昔しから、万全な名義を得ようとして、かえって敵兵の乗ずるところとなった例は少なくない。……とうてい避けられない衝突なのだから、わが国に有利な今こそ衝突すべきである。」（『伊藤博文伝』下巻、六二一―六四頁、現代文化した）

明治天皇の抵抗

このように政府は対中開戦を決めていましたが、一人だけそれに抵抗した者がいました。他ならぬ明治天皇です。一年半前に海軍軍拡に反対する衆議院を詔勅の力で抑え込んだことはすでに記しましたが、その事だけを覚えられては明治天皇としては得心がいかないと思われますので、事の経緯に直接の影響を与えたわけではありませんが、ごく簡単に記しておきます。

日本政府は六月一五日の閣議で、中国側が両国共同による朝鮮政府の内政改革に応ずるまでは撤兵しないこと、もし中国側がこれに応じない場合には、日本の力だけでこの改革を断行することの二点を決定しました。戦前の憲法の下では重大な外交案件についての閣議決定は、天皇に上奏してその裁可を得なければ効力を持たないので（第一三条）、同日伊藤首相がそれを上奏しました。しかし、天皇はただちに裁可せず、侍従長の徳大寺《とくだいじ》実則《さねつね》を陸奥外相に派遣して、疑問点について問い糺したのです。陸奥外相が伊藤首相に送った同日付の手紙によれば、天皇の疑問点は次のようなものでした。

「ただ今、徳大寺侍従長が天皇のお使いとして来訪され、先刻の上奏についていろいろご下問された。聖上〔天皇陛下〕には、将来の成行きについてご懸念あそばされているようである。特に閣議決定の最後の箇所で、日中の談判が落着するまでは朝鮮滞陣の軍隊を撤兵させないこと、および日中共同の朝鮮政府改革に中国政府が同意しない時は、日本政府は独力でこの改革を断行することとしている点を、ご懸念されているようである。……万一天皇の考えと閣議の決定が相違するようなことになれば、実に由々しい事態になる。出来れば明朝にも伊藤閣下が皇居に参内して直接天皇を説得してもらいたい。」（同前書、五九―六〇頁）

翌六月一六日、伊藤首相と陸奥外相が相次いで参内して、天皇を説得して、前日の閣議決定の裁可をもらうことができました。

このことは二つの点で重要です。

第一に明治天皇は絶対君主でも、その反対の単なるロボットでもなかったことです。閣議決定をひっくり返すような権力はなかったけれど、それに疑問を呈し、裁可を一日延ばすぐらいの力はあったのです。このことは近代日本の天皇制を理解するうえで、重要な点でしょう。

第二に、明治天皇は、先に紹介した改進党系の犬養毅らのような中国蔑視の考えを持っていなかったように思われる点です。それはいま見た六月一五日の閣議決定の裁可の遅れからもうかがわれますが、もう一つの事例として八月一日の対中国宣戦布告の直後の言動も見ておきたいと思います。開戦報告のために勅使を伊勢神宮と孝明天皇陵に派遣することに、天皇が抵抗を示したのです。あまり知られていないうえに、すぐには理解しにくい事実ですので、明治天皇の言動については一番信頼できる『明治天皇紀』から該当する箇所を引用しておきます（読みやすく書き換えてあります）。

明治天皇

「八月十一日、（伊勢神宮と孝明天皇陵に対中国開戦の報告のために勅使を派遣す。）これより先、宣戦の詔を公布された後、土方久元《ひじかたひさもと》宮内大臣は、天皇に拝謁して、伊勢神宮と孝明天皇陵への奉告の人選について伺うと、天皇は、「その儀に及ばず、今回の戦争は朕は元来不本意だった。大臣たちが戦争のやむを得ざることを上奏してきたから、これを許しただけである。これを神宮や先帝陵に奉告することは、朕にとってははなはだ心苦しいことである」と。」（第八巻、四八一―四八二頁）

土方が、すでに宣戦の詔を出しているのに、今そのような御沙汰をなされるのは、間違っていないかと諫言《かんげん》すると、天皇は激怒し、「二度とこのことは言うな、朕は二度と汝の顔を見たくない」と言い放ったというのです。

先の六月一五日の閣議決定への抵抗と同じく、天皇は翌日には態度を変えて、土方に勅使を選定して報告するように命じ、土方が参内すると、「龍顔麗しく、いささかも平常と変わらなかった」といいます。どちらの場合も決定を一日遅らせただけですが、明治天皇は相当露骨に、対中国戦争に異を唱えたのです。先帝すなわち孝明天皇は死の直前まで欧米列強に対して「攘夷」を主張していました。その人の御陵に、中国に対して「攘夷」を決行しましたと報告するわけにはいかない。明治天皇はこう強く思ったのでしょう。

これらの挿話にもかかわらず、天皇は一八九四（明治二七）年八月一日に、中国に対する宣戦の詔を発し、伊勢神宮や孝明天皇陵にも勅使を派遣しました。日清戦争の勃発です。

戦争の結末

日清戦争

日清戦争の結末までを簡単に記しておきましょう。日本陸軍は、一八九四（明治二七）年九月一五日の総攻撃で平壌を陥落させ、清国軍を朝鮮半島より一掃します。翌々一七日には、日本海軍が、定遠、鎮遠の二大戦艦を擁する清国の北洋艦隊を激戦ののちに敗走させました。海軍の戦勝に勢いづいた陸軍は、遼東半島に向けて進軍を続け、

日清戦争・日本海軍巡洋艦（© 時事）

九四年年末には、旅順や大連をはじめとする同半島の大半を占領しました。ここに戦局の帰趨はほぼ明らかになりました。この頃になると、戦勝後の講和条件として、「朝鮮の独立」だけではなく、その「独立」を維持するための中国領土の遼東半島などの割譲が日本国内で主張されはじめます。

翌一八九五年二月の威海衛における清国北洋艦隊の降伏により、日清戦争は事実上の決着をみました。同年三月二〇日、清国の全権李鴻章が下関に到着し、講和会議が開かれます。日本側の全権は、伊藤博文首相と陸奥宗光外相でした。両国全権は講和条件の交渉に入ります。

日清両国全権の、講和交渉に対する態度は正反対でした。李鴻章は日本側の要求する講和条件に対して、日本全権の頭越しに欧米諸国に訴えるかのように、その矛盾をついた主張を行いました。

第一に、朝鮮の独立は承認するが、日本も同じく同国の独立を承認すべきであること、第二に、日本の戦争目的は朝鮮の独立に限られていたのに、清国の領土を割取するのは矛盾であること、第三に、賠償金の金額は日本が使った戦費約一億五〇〇〇万円に限ること、第四に、日本がまだ占領していない台湾の割譲を求めるのは、遼東半島の要求と矛盾すること、第五に、通商条約における最恵国待遇要求は双方に適用されるべきこと、などが主張されたのです。

これに対して日本側は、あくまでもこれが戦勝国と敗戦国の講和交渉で、日本側の要求を道理にてらして反駁《はんばく》しても意味がない、という態度を貫きました。日本側は四月一〇日に最終案を突きつけ、四月一七日、ついに李鴻章もその最終案に調印します。これが日清講和条約（下関条約）です。

日清講和と三国干渉

日清講和条約のおもな内容は、①朝鮮の独立の承認、②遼東半島と台湾・澎湖列島の割譲、③賠償金二億両《テール》（日本円で約三億円）の支払い、④沙市・重慶・蘇州・杭州をあらたに開市開港し、日本人に商工業と居住の自由を認めること、などでした。

この最後の開市開港要求は、イギリスの支持を得ることを目的にしたものでした。欧米諸国の清国との通商条約には最恵国待遇条項がふくまれていたので、日本側が講和条約で得た開市開港はそのまま欧米諸国にも認められます。このため、清国との通商がいちばん盛んであったイギリスは、日清講和条約に干渉しないことを閣議で決定し、ロシア政府からの共同干渉の申し入れを拒否しました。

南満州への進出の機会をうかがっていたロシアは、日本の進出を警戒し、ドイツ・フランスとともに遼東半島を清国へ返還するよう日本政府に勧告します（三国干渉）。イギリス政府も、この干渉に対して日本を支持することまではしませんでした。東アジアの問題で、ロシアやフランスとの協調関係を損なうことは論外だったのです。

イギリスの支持を得られないとすれば、日本には、三国の申し入れを拒絶することは不可能でした。これ以上の戦争継続は財政的にも不可能でしたし、世界最大の陸軍を擁するロシアと戦端をひらくことには、軍部ですら反対していました。議会や言論界がこの屈辱的な干渉受け入れを非難することは明らかでしたが、国内世論に配慮している余裕はありませんでした。

日本政府は、遼東半島の返還を三国に通知し、それを前提として五月八日に日清講和条約の批准書を清国政府と交換したのです。

Ⅱ

「帝国」と「立憲」の棲み分け——1895〜1917年

●第Ⅱ部関連年表

年代		出来事
1895	明治28	下関講和会議。下関条約調印。露独仏、三国干渉。台湾平定
1896	明治29	立憲改進党・立憲革新党などと合同して進歩党結成（大隈重信）。日清戦争後の第１次増税
1898	明治31	自由・進歩両党提携、地租増徴案を否決。自由・進歩両党合同、憲政党を結成、第１次大隈（隈板）内閣成立（最初の政党内閣）。憲政党（旧自由党）・憲政本党（旧進歩党）に分裂。地租条例改正（地価の3.3%に増加）。ドイツ、山東半島・膠州湾租借。ロシア、遼東半島租借。イギリス、威海衛租借
1900	明治33	選挙法改正（直接国税10円以上）。軍部大臣現役武官制。北清事変（義和団事件により出兵）。立憲政友会結成（総裁伊藤博文）
1902	明治35	第１次日英同盟協約締結
1903	明治36	西園寺公望、政友会総裁へ
1904	明治37	日露戦争（～05）。第１次日韓協約
1905	明治38	第２次日英同盟協約。ポーツマス条約（日露講和条約）。日比谷焼打ち事件。第２次日韓協約（韓国統監府設置）
1906	明治39	南満州鉄道株式会社（満鉄）設立
1907	明治40	戦後恐慌。帝国国防方針。第３次日韓協約。第１次日露協約
1909	明治42	伊藤博文、ハルピンで暗殺
1910	明治43	立憲国民党組織（犬養毅）。大逆事件。韓国併合条約、朝鮮総督府設置（初代寺内正毅総督）
1911	明治44	関税自主権回復。第３次日英同盟協約。辛亥革命
1912	大正元	明治天皇逝去。中華民国成立。陸軍二個師団増設案否決のため、陸相上原勇作辞職（西園寺内閣瓦解、桂内閣へ）。大正政変（第１次憲政擁護運動、～13）
1913	大正２	桂太郎首相、立憲同志会設立。民衆による議事堂包囲、交番・御用新聞社の焼打ち
1914	大正３	シーメンス事件。貴族院、海軍拡張予算案を否決、山本内閣総辞職へ。原敬、政友会総裁へ。第一次世界大戦（～18）
1915	大正４	対華二十一カ条要求
1916	大正５	「大戦景気」始まる。憲政会結成（加藤高明）
1917	大正６	石井・ランシング協定。ロシア革命

はじめに――平和と民主主義の分有体制

日清戦争後の「帝国」と「立憲」のせめぎ合いを詳しくたどる前に、第Ⅱ部のあらすじを簡単にまとめておきましょう。

二〇一四年一二月に他界された「大正デモクラシー」研究の第一人者松尾尊兊《たかよし》氏の終生のテーマは、「内に立憲主義」による「外に帝国主義」の克服でした。言い換えれば、帝国主義に反対した民主主義者を歴史の中に見出し、その努力を今日の日本人に伝えることが、同氏の「大正デモクラシー研究」の目的だったのです。

しかし、明治の末年から大正の初年にかけての日本の言論界で「内に立憲、外に帝国」という標語が使われたのは、韓国併合や満蒙権益（日露戦争後に得た、満州・内蒙古地方における日本の特殊権益）の拡大と国内の民主化との同時進行を肯定するためのものでした。

もちろん松尾氏はこのことを十分承知のうえで、朝鮮の植民地化や中国領土満州の半植民地化に反対した民主主義者を求めて、民本主義者吉野作造にそれを見出したのです。

今から約二〇年前（一九九五年）に吉野作造記念館で行われた講演の中で、松尾氏は次のように述べています。

「吉野作造の四つの貢献のうち、特に第三番目の朝鮮や中国への侵略批判は、とりわけ困難な仕事です。他の三つの仕事（民本主義の鼓吹、無産運動への支援、明治文化全集の編纂）は、結構吉野さんの同調者、吉野さんと同じような考えを持つ人がいた。ところがこの朝鮮・中国に対する侵略批判という点では、吉野さんは極端に言えば孤立無援と言っていい。（中略）ほとんどの日本人からは無視された。あるいは敵意を持たれた。それだけにこの第三番目の仕事は今日的意味もかなり持っている。（中略）日本人の東アジアの諸民族に対する考え方は、吉野さんの時代と我々の時代と、それ程変わってないのではないかと感じます。（中略）日本だけよければ、よその民族、朝鮮・中国はどうでもいいという、日本人特有の悪しき伝統は、本質的に変わっていない。」（『わが近代日本人物誌』一〇八頁）

ここで松尾氏が指摘しているのは、「大正デモクラシー」（「内に立憲」）により「外に帝国」に抵抗した民本主義者吉野作造の偉大さです。しかし、それを裏返してみれば、「大正デモクラシー」という国内の民主化運動全体は、「外に帝国」を容認していたことになるでしょう。「内に立憲」と「外に帝国」の協調を象徴的に示していたのは、普通選挙を求める院外（議会の外）の民衆運動を院内で支持していた野党憲政会が、その与党時代（当時は立憲同志会。一九一六年に、中正会・公友倶楽部などと合同し憲政会となる）に中国に押し付けた二十一カ条要求（一九一五年）を、九年後の一九二四（大正一三）年に政権に返り咲くまで、世界の国際協調の潮流を無視して擁護しつづけたことです。男子普通選挙制に反対しつづけた立憲政友会（以下、政友会）が、アメリカだけではなく中国とも協調を図ったことを「内に非立憲、外に非帝国」と呼ぶとすれば、野党憲政会の立場は「内に立憲、外に帝国」そのものでした。

政友会と憲政会を内政について比較すれば、憲政会の方が明らかに民主的でした。しかし外交面で比較すれば、憲政会の方が「帝国」的です。この奇妙なねじれを表現するには、松尾氏の「内には立憲主義、外には帝国主義」という分析枠組みだけでは不十分なのです。

＊

今日のわれわれの通念からすれば、「平和と民主主義」がセットになるべきことは、言うまでもありません。しかし、一九一二（大正元）年から一三年にかけての第一次憲政擁護運動によって、藩閥官僚と大政党政友会とによる政権たらい回しの体制が壊れて以降、政友会と憲政会による「平和と民主主義の分有体制」はそれなりに、相互補完的に政治の質を向上させてきました。

それ以前の、藩閥官僚（および軍部・貴族院）と政友会という二大保守勢力間の協調体制

――いわゆる桂園《けいえん》体制――の下では、日露戦争の終結から第一次世界大戦の勃発までの九年間（一九〇五―一四年）に三回もの民衆騒擾《そうじょう》が起こっています。民衆運動を「騒擾」と表現するのは適当ではないかも知れません。ただ、それらは（戦後の六〇年安保闘争も含め）、二〇一五年の安保法制反対デモのように平穏なものではありませんでした。日清・日露の両戦争によって「外に帝国主義」の方は確実に進展していきましたが、「内に立憲主義」の方は院外民衆運動としてしか、自己実現の手段を持っていなかったのです。

のちに（第Ⅲ部にかけて）詳しく見るように、「平和と民主主義の分有体制」は、一九二四年の第二次憲政擁護運動によって克服されました。憲政会が「外に帝国」を放棄し、英米との協調と中国への内政不干渉に対外政策を転換したのです。いわゆる「幣原外交」の登場です。その憲政会総裁の加藤高明《たかあき》を首班とする護憲三派内閣が、一九二五年に男子普通選挙法を実現したのですから、「内に立憲」の方も大きく前進しました。戦前日本で初めて「平和」と「民主主義」が一つの政党によって掲げられたのです。同年八月に政友会と革新倶楽部が護憲三派内閣から離脱したため、その憲政会が単独内閣を組織することになりました。民本主義者吉野作造の期待の大半が、現実政治の上で実現したのです。

しかし、戦前日本では最初で最後と言うべき「平和と民主主義」をセットとした政党内閣（一九二五―二七年の憲政会内閣、一九二九―三一年の立憲民政党内閣）の前途は、明るいものではありませんでした。反対党の政友会は憲政会の転換に対抗する形で、原敬《はらたかし》時代の「外に非帝国」の方針を投げ捨てました。二五年四月に陸軍大将田中義一《ぎいち》を総裁に迎えて以後の政友会は、「外に帝国、内に天皇中心主義」の完全な保守党に変化したのです。

　政友会の保守化だけではなく、憲政会路線は軍部からの攻撃にもさらされます。原敬・高橋是清《これきよ》内閣時代の一九二一―二二年にはワシントン軍縮を許容した海軍は、三〇（昭和五）年のロンドン軍縮には強い抵抗を示しました。

　しかし、「帝国と立憲」を軸に日本近代史を通観しようとする本書にとって最も重要なのは、陸軍の満蒙権益拡大の要求です。詳細は本論に譲るとして、一八九五（明治二八）年の日清戦争の勝利によって日本の「帝国」化の目標が朝鮮から満蒙に拡大したのは事実ですが、それはあくまでも南満州と東部内蒙古の「特殊権益」の維持に限られていました。それが一九二七年に保守政党の内閣が組織されたのを機に、陸軍の要求は「満蒙の領有」に転換します。「外に帝国」の目標が一段と拡大したのです。第Ⅱ部のタイトルである「「帝国」と「立憲」の棲み分け」は、崩壊の寸前にまで立ち至ったのです。

第5章　強兵と厭戦――日露戦争前の「帝国」と「立憲」

「立憲」は「帝国」を望んでいなかった

日清戦争終了後、一九〇四（明治三七）年の日露戦争にいたるまでの九年間、日本人は日清戦争の成果である遼東半島の中国への返還を迫ったロシアなど三国への報復のために、「臥薪《がしん》嘗胆《しょうたん》」したものと思われています。将来の巻き返しを期して現在の苦境を耐え忍ぶことを意味する、この四字熟語が、当時国民の間で合言葉として叫ばれたというのはよく知られた話でしょう。こうしたなか、三国干渉から数年のうちに、ロシアが遼東半島、ドイツが山東半島に特殊権益を確立するなど、列強の中国進出が進みます。

しかし、自由党と進歩党（立憲改進党などが合同して結党）とが過半数を占める衆議院は、日

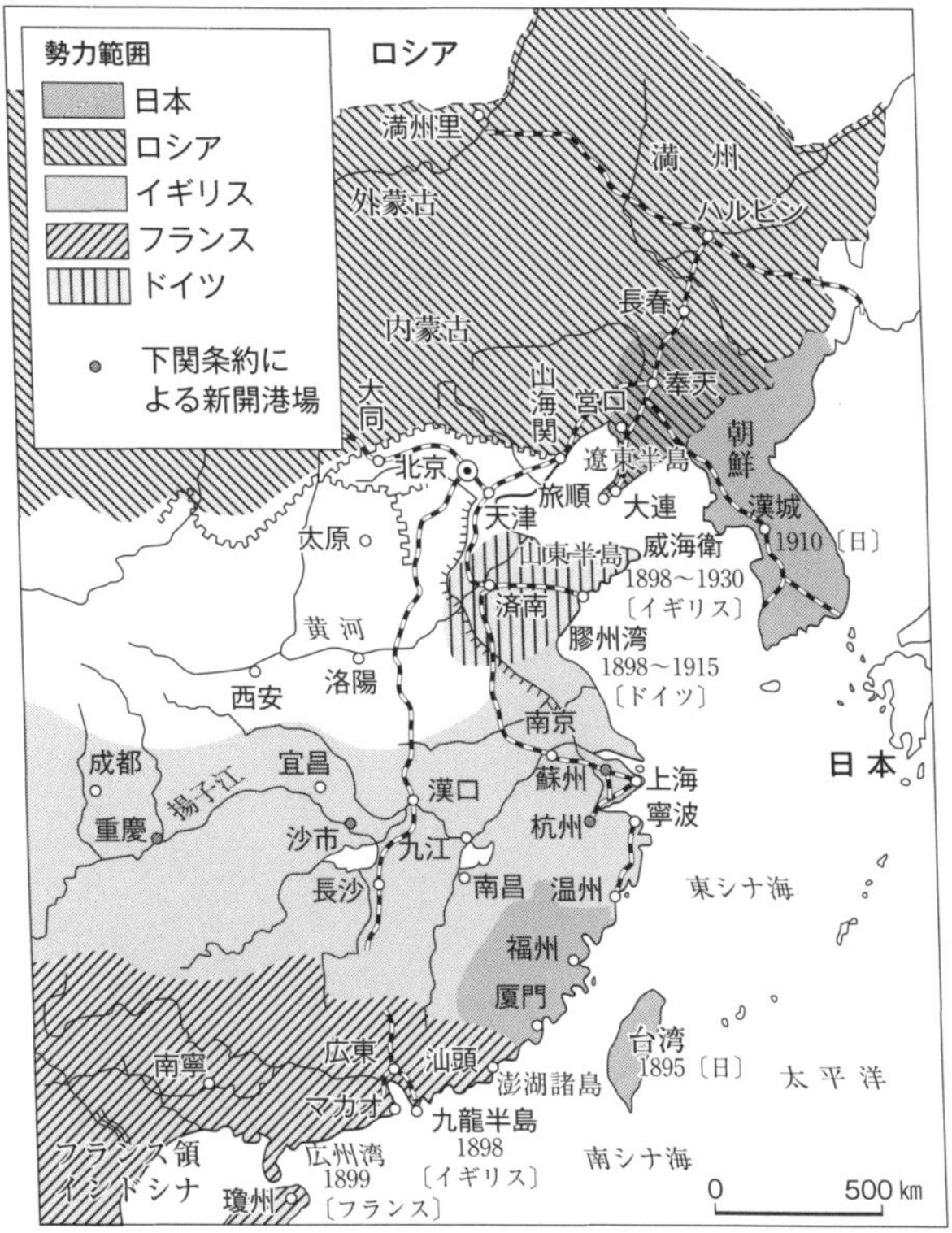

日清戦後・列強の中国侵略

清戦争以後の三年間（一八九五—九八年）、陸海軍軍拡のための地租の増徴に反対しつづけました。一八九八年末に衆議院の一角（憲政党）が増徴賛成に転換した時にも、五年限りの措置という制限を付していました。九九年の増税実施の五年後は一九〇四年で、日露戦争が勃発する年です。対露報復を誓って「臥薪嘗胆」する国民の姿など、どこにも見当たりません。

一九〇〇年に長年民権運動の中心にあった旧自由党が維新の元勲伊藤博文を総裁にして立憲政友会を結成した時、「民力休養」から「富国強兵」への転換は完成したように思われました。しかし、五年間の地租増徴期限が終わりに近づいた一九〇二年末の第一七議会を前にして、政友会はさらなる海軍軍拡のための増税延長に反対を表明しました。一二月四日の同党大会において伊藤総裁自身が、「海軍拡張はその財源地租に依らずして他の政費を節減してこれを遂行すべし」と明言しています（『原敬日記』第二巻、三八頁）。

一九〇二年一二月は、日露戦争勃発のわずか一年二カ月前であり、地租の五カ年増税を決定した一八九八年一二月から丸四年後のことです。目前に迫る対露開戦のための海軍軍拡よりも、四年前の増税の期限を守る方を、伊藤博文や原敬の政友会は重視したのです。

筆者は一九七一年に刊行した最初の著作（『明治憲法体制の確立』）で、日清戦争を境に地租の軽減要求を取り下げた自由党や進歩党の「民党」も、地租の増徴には頑強に抵抗したが、「積極財政」論者の星亨《ほしとおる》が率いる憲政党（旧自由党、のちの政友会）がついに地租増徴に賛成して恒常的な与党をめざした時、「明治憲法体制」は「確立」したと論じました。国内政治については、この分析は正しかったと今でも考えています。

しかし、政治の対抗軸を「帝国」と「立憲」に絞って日本近代史を通観しようとする本書の視点からは、やや異なった歴史像が見えてきます。自由党→憲政党→政友会の政策転換は国内の財政経済政策に限っての話であって、朝鮮・中国(清)への膨張をめざしてロシアと戦おうとする陸海軍の「外に帝国」の路線とは、一線を画したものだったのです。

政友会の原敬が対露開戦(一九〇四年二月一〇日)の五日前の日記に、「開戦とならば国民は無論に一致すべきも、今日の情況にては国民の多数は心に平和を望むもこれを口外する者なく、元老といえどもみな然るがごとくなれば、少数の論者を除くの外は内心戦争を好まずして、しかして実際には戦争に日々近寄るものの如し」と記しているのは、このことを端的に示しています(『原敬日記』第二巻、九〇頁)。

政府も国民も対露開戦を求めていなかった

二〇一五年から一六年にかけて、日本国民は戦後七〇年にしておそらく初めて「戦争」というものを意識しました。自分たちが反対している「戦争法案」が実際にどこの国との戦争をもたらすのかは、おそらく誰にもはっきりしていなかったにちがいありません。しかし、戦後七〇年経って初めて、日本が何らかの戦争に加わるのではないかと、本当に懸念したのです。筆者はこのような懸念は杞憂《きゆう》に終わると考えています（しかし、最近では、世界で有数の大国たちが、いつ戦争の火付け役になるのか分からなくなりましたが）。しかし、そのような楽観主義の筆者も、おそらく今日の日本人でも知らない者は少ないであろう日露戦争の直前まで、当時の日本国民の大多数が「平和を望」んでいたという原敬の指摘には、あらためて驚きました。しかも、それは普通の国民だけではなかったと原敬の日記は記しています。元老の伊藤博文も井上馨も、さらには当時の第一次桂太郎《かつらたろう》内閣内の対露強硬論者さえも、日露戦争は起こらないと思っていた、と言うのです。

あまりにも今日の状況に似通っているので、原敬自身の言葉で語ってもらいましょう。ロシアに対して宣戦を布告した翌日（二月一一日）の日記です。

「伊藤、井上は非戦論なるも、明らかにこれを主張するものにあらず。しかして一般国民、中でも実業者は最も戦争を厭《いと》うも、表面にこれを唱うる勇気なし。かくのごとき次第にて国民心ならずも戦争に訓致せしものなり。政府中には自己の功名のために主戦論をなす者もあらんが、実は真に戦争を好まざる者多数なりしと思わるれども、これまた表面強硬を唱えた

る結果、引くに引かれざりしならん。」（『原敬日記』第二巻、九一頁）

以上のことから明らかなように、国民は対露戦争を求めてはいませんでした。ただ声に出して戦争反対を主張しなかっただけです。また政府内部の対露戦争論者も本気で戦争するつもりの者は少なかった。ただ強がりを言っているうちに引っ込みがつかなくなっただけです。そうだとすれば、対露戦争に政府と国民を導いたのは誰だったのか。日清戦争後「帝国」の膨張をめざして九年間軍拡につとめてきた陸軍であり、海軍であり、お互いに相手国の譲歩の可能性を過大に見積もった両国政府の首脳部だったと考えられます。

原敬

日清戦争後の陸海軍の増強

前項で記したような日本国民の厭戦的な感情と地租増徴に対する一貫した抵抗にもかかわらず、日本の陸海軍は一九〇四―〇五（明治三七―三八）年の対露戦争に勝利できるだけの軍備を、日清戦後の九年間に増強していました。日露戦争の犠牲の大きさを示すために使われることが多い戦死戦病死者一一万八〇〇〇人、失われた艦船九一隻、という数字はそれだけの損害を出せるだけの陸海軍を、この九年間で備えていたことを示すものでもあります。同じ九年の間、地租の増徴に反対し、増徴後はその減税を要求しつづけてきた衆議院は、なぜこのような陸海軍の拡張に、一九〇二年末まで反対しなかったのか。

そこには第I部第4章で扱った議会開設前の陸海軍軍拡の終了と似たような特別な事情が存在していました。「日清戦後経営」と呼ばれる長期間の陸海軍軍拡計画に、戦勝直後の第九議会（一八九五年一二月―九六年三月）で衆議院が同意してしまったのです。陸軍は八年間（一八九六―一九〇三年）で九〇〇〇万円、海軍は一〇年間（一八九六―一九〇五年）で一億八〇〇〇万円の計画です。陸海軍合計で二億七〇〇〇万円という拡張計画の規模の大きさは、日清戦争前の年間歳出が約八五〇〇万円であったことと比較すれば、容易に想像がつくでしょう。三倍強にあたる軍拡計画だったのです。

もっとも、八年計画と一〇年計画である以上、二億七〇〇〇万円はその間の各年の歳出中の臨時費として割り振られます。一度に二億七〇〇〇万円が陸海軍事費として費消されたわけではありません。しかし、八年計画と一〇年計画を承認してしまった議会には、各年の予算審議でそれを審議する権限はありませんでした。日清戦争後の陸海軍拡張費は、その期間別枠だったのです。

しかし、日清戦争後最初の議会で自由党がこのような長期間にわたる軍拡計画を一括承認してしまったのには、それなりの理由もありました。その財源が増税によらないで、清国からの賠償金と、一旦は清国に割譲を認めさせた遼東半島を清国に返還する代償金三〇〇〇万両《テール》（約四五〇〇万円）を合わせた、約三億四五〇〇万円に求めるという計画だったからです。「富国強兵」のうちの「強兵」は清国からの賠償金で賄い、国民に負担をかけないというのだから、主として農村地主の利害を代表していた衆議院には異論はありませんでした。しかも日清戦争後の農村地主は米価の高騰で十二分に潤っており、「臥薪嘗胆」などとは無縁でした。もっとも彼らが地租の増徴には頑強に抵抗したこと、および「強国」化の承認が「戦争」の支持を意味するものではなかったことは、すでに記したとおりです。

一八九六年に始まる海軍軍拡一〇年計画は一九〇二年末にも有効でした。それなのに、なぜ先に記したような新たな海軍軍拡計画が浮上したのでしょうか。

なぜ海軍は軍拡を急いだのか

そういえば、日清戦争の直前にも、議会開設までに終了していた海軍軍拡では不足を感じていた政府が、天皇の詔勅に頼って衆議院の同意を得たことがありました。日露戦争が迫っていた一九〇二年末に同様の事態が生じたことは、想像に難くありません。清国艦隊を破った日本海軍は、次にロシア艦隊を打ち破るに足る軍事力を求めていたのです。

しかし、日本の「帝国」化は、朝鮮と満州に向かっており、出来上がる「帝国」の主役は海軍ではなく陸軍でした。「関東軍」（日本の植民地常備軍の一つで、中国東北地区の満州に置かれた陸軍部隊）の知名度がそれを象徴しているでしょう。一日も早く朝鮮や満州を取りたいという動機に欠ける日本海軍が、これほど軍拡を急いだのはなぜなのか。

これまで比較的に研究が手薄だった第一次桂内閣（一九〇一―〇五年）の財政と国防政策に的を絞った中里裕司氏の『桂園時代の形成――一九〇〇年体制の実像』は、直接に日露戦争を想定したものではない日英同盟協約の秘密協定の重要性を強調しています。すなわち、一九〇二年一月の同協約の締結に続いて両国外相が秘密交換公文をかわして、「極東の海上において、いかなる第三国の海軍よりも優勢なる海軍を集合し得るように維持する」ことが約束されていることを重視したのです。

同時に中里氏は、この密約がなされた一九〇二年には、海軍は先の一〇年計画の軍拡費を前倒しで費消してしまっており、また日清戦後恐慌（一九〇〇―〇一年）のため海軍公債の発行もできなかったので、増税継続以外の財源が見つからなかったことを指摘しています（同前書、一四五―一四六頁）。

衆議院が増税継続による海軍軍拡に反対したために第一次桂内閣は一九〇二年一二月末に同院の解散を断行しました。しかし翌年三月の総選挙で、有権者は増税継続に反対する政友会と憲政本党（憲政党内の旧進歩党系）に七〇パーセントの議席を与えました。得票数でも両党合わせて約七〇パーセントを得ています。日露戦争のわずか一年前に、選挙に行った農村地主を中心とする有権者（約八二万人）の七割は、地租の軽減を求めて海軍軍拡に反対したのです。日露戦争期の「非戦論」としては、社会主義者幸徳秋水《こうとくしゅうすい》と歌人与謝野晶子《よさのあきこ》が有名ですが、一般の日本国民も戦争勃発の直前までは、少なくとも厭戦論ではあったのです。

増税の継続が不可能なことを知った桂内閣は、既存の一般歳出でのやりくりで海軍拡張を計り、伊藤博文や原敬の政友会首脳部は財源問題での態度を保留しながらも、党内の反対論を抑えて海軍軍拡だけには同意しました。厭戦論の衆議院も「強兵」だけは承認したのです（同前書、一五一―一五四頁）。

第6章　日露戦争から第一次世界大戦へ——「帝国」と「立憲」の攻防

強国ロシアとの開戦

日露戦争での勝利（一九〇五年九月）から第一次世界大戦の終了（一九一八年一一月）までの一三年間の日本の特徴は、本書の表題そのものでした。まずは「帝国」の側の動向から見ていきましょう。

まずは、どのようにして強国ロシアと開戦するにいたったのか、簡単に見ておきましょう。

ロシアは、一九〇〇年の北清事変（義和団事件）を機に、清国で排外運動を行う義和団の乱鎮圧のため出兵し、事変が収まったあとも中国領土の満州に十数万の大軍をとどめます。そうして事実上、満州の占領を続けたばかりか、清国と密約を結んで南下する気配を示していました。そのため、韓国（李氏朝鮮王朝は一八九七年より国号を大韓帝国と改めた）を勢力下におこうとしていた日本は正面からロシアと対立するにいたりました。

日本は、ロシアに満州の権益と実質上の支配権を認めるかわりに、韓国における日本の同様の権利をロシアに認めさせることをねらって交渉を続けてきましたが、半年にわたる協商交渉は不調に終わります。翌一九〇四（明治三七）年二月、御前会議にて対露交渉の打ち切りと開戦が決定されました。陸海軍とも軍事行動を開始します。

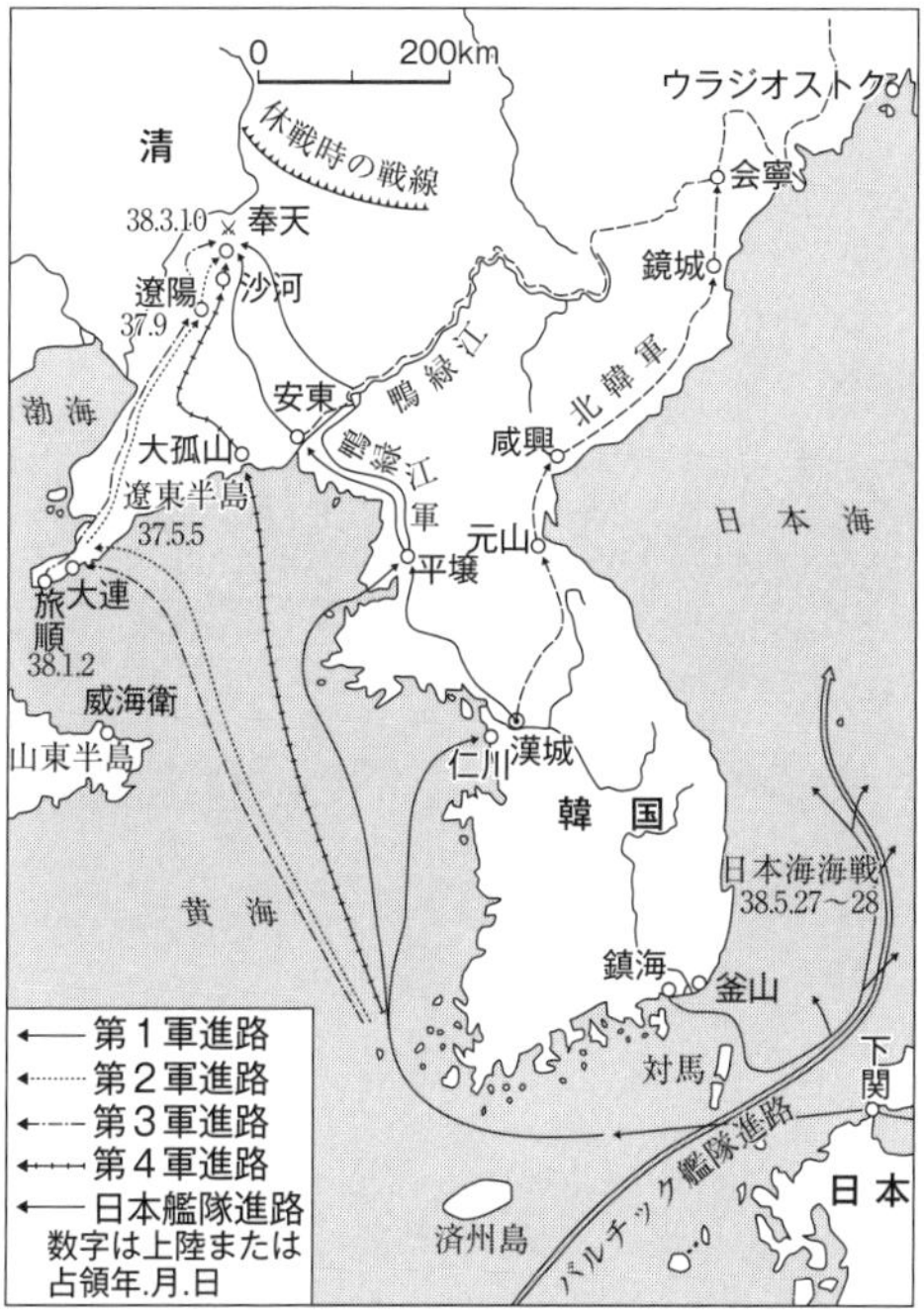

日露戦争

日露戦争は、兵力の面でも財力の面でも、真の総力戦で、二〇万人を超す死傷者と一七億円余りの戦費を出して戦われました。陸軍は数カ月の激戦をへて旅順をおとし入れ、一九〇五年三月には両軍合わせて一〇万を超える死傷者を出した奉天の会戦で勝利をお

日露戦争・旅順砲撃（©毎日新聞社／時事通信フォト）

さめても、ロシアはなお陸戦を継続するに十分な余力を残していました。そうした陸軍の苦境を救ったのが、東郷《とうごう》平八郎《へいはちろう》の率いる連合艦隊がロシアのバルチック艦隊に大勝した同年五月の日本海海戦です。これにより日露戦争の帰趨は決定的になり、ロシア皇帝ニコライ二世もついにアメリカ合衆国の仲介による講和会議に応じることになります。しかし、ロシアはなお領土の割譲も賠償金の支払いも絶対に拒否するだけの戦力を残していました。

　講和会議はアメリカ東部の軍港ポーツマスで八月から開かれ、九月五日に、日本側全権の小《こ》村寿太郎《むらじゅたろう》外相とロシア側全権のウィッテが日露講和条約（ポーツマス条約）に調印しました。その内容は、賠償金は一文もとれず、樺太割譲要求も半分だけに削られるといったもので、日本側の兵力不足、戦争継続能力の欠如を知らされず、連戦連勝の報だけを聞かされていた日本国民の期待を完全に裏切るものでした。

しかし、この条約の結果、日本は念願の旅順・大連とその付近にロシアが有していた租借権、および東清鉄道南部（長春・旅順間）を譲り受け、韓国を実質的な保護国にすることをロシアに認めさせます。韓国と中国東北部に排他的な特権をもつ一つの「帝国」となったのです。

韓国の保護国化と満州の分割

小村寿太郎

日露戦争以前の日本は、たとえ憲法を「大日本帝国憲法」と名づけようとも、「大日本」でも「帝国」でもありませんでした。朝鮮はなお独立国家であり、南満州のいわゆる「満蒙権益」も日本のものではなかったのです。

それに対し日露戦争後の日本は、先に見たように、旅順、大連を中心とする南満州の租借地と鉄道をロシアに譲渡させ、韓国を植民地とする「帝国」となりました。このことは、日本政府にとっても、日本国民にとっても、明治維新以来の対外政策の大きな転換を意味するものでした。

日清戦争を迎えるにあたっての日本の官民の主張は「朝鮮の独立」でした。日露戦争以前には、そこに「支那の保全」が加わりました。先に見た、義和団事件の鎮圧に乗じて満州の占領を続けるロシアへの抗議がそれに当たります。

しかし、一九〇四（明治三七）年二月一〇日のロシアに対する宣戦の布告の中では、「朝鮮の独立」は「朝鮮（韓国）の保全」に表現を変え、そのかわりに「支那の保全」の言葉は姿を消していました。ロシアの満州占領は、「支那の保全」の観点から許されないのではなく、「朝鮮（韓国）の保全」を危うくするから許されないとしたのです。

「朝鮮の独立」から「朝鮮（韓国）の保全」への変化は、単なる言葉の問題ではありませんでした。開戦から四カ月も経たない五月三一日の閣議決定では、韓国が「永くその独立を支持する能わざるは明瞭」であると断じ、日本は「政治上、軍事上、ならびに経済上、漸次に同国における わが地歩を確立」することが決定されます。「朝鮮（韓国）の保全」とは、その「独立」の保全ではなく、同国の保護国化を意味するものだったのです。

ロシアとの戦争に勝利した日本は、独立国家の韓国を保護国化し、中国のために「保全」するはずだった満州を、ロシアと分割しました。このことに一番憤慨したのは、中国の官民でしょう。一〇年前に「朝鮮の独立」を掲げて戦争を仕掛けてきた日本が、ほかならぬその朝鮮

（韓国）の植民地化をめざし、「支那の保全」を唱えて中国の官民に期待を抱かせた日本が、中国領土の満州権益をロシアと分割したのですから。

日露戦争後に日本がもっとも警戒すべきは、日本の偽善に憤る中国官民の満州返還要求のはずでした。たしかに、日清戦争に勝ち日露戦争にも勝った日本に、中国はただちに満州返還を求めようとはしていません。その反対に中国政府は、日露講和条約で日本への譲渡が約された旅順、大連の租借権、そして後に満鉄となる東清鉄道の南部、およびそれに付属する炭鉱などの所有を、改めて日本と条約を結び一九〇五年一二月に承認しました（日清満州に関する条約、通称「北京条約」）。

帝国国防方針

しかし、日本政府の中でも、元老で参謀総長の山県有朋は、中国の官民がこの条約に納得して調印したわけではないことを、十分に承知していました。彼は近い将来に中国が日本に満州の特殊権益の返還を迫ってくることを、強く警戒していたのです。

一九〇七（明治四〇）年二月一九日に元帥会議の同意を得て天皇に上奏された「帝国国防方針」は、よく知られているように「将来ノ敵ト想定スヘキモノハ、露国ヲ第一トシ、米、独、仏ノ諸国之ニ次グ」というものです。陸軍はロシアとフランスを、海軍はアメリカとドイツを主要な仮想敵とするものでした（『日本外交史辞典』六一五頁）。しかし、日露戦争の終結に仲介の労を執ってくれたアメリカを「将来ノ敵」とするのは非礼なだけではなく、当時の日本が一九四一（昭和一六）年末の真珠湾攻撃を想定できたはずもありません。また、わずか一年半前に総力戦に近い戦争を戦ったばかりのロシアを、陸軍が「将来ノ敵」とするのも、かなり不自然でしょう。ましてや、イギリス以外の主要な欧米諸国をすべて「将来ノ敵」と想定するのは、当時の日本の力を超えるものです。

角田順氏の研究によれば、「帝国国防方針」の原案を起草した田中義一参謀本部課員（中佐）は、その中で「〔アメリカが〕その陸兵をわが領土に揚陸して侵略を遂行することのほとんど有りうべからざるが如く、われもまた米国に向かって出兵を企図すること能わざるなり」と記していました（『満州問題と国防方針』七〇七頁）。太平洋を挟んで存在する日米両陸軍に相手国を侵略する企図が全く存在しないならば、日米両海軍が太平洋上で交戦することもありえません。田中にとっては、日本海軍がアメリカを「仮想敵」とすることは、理解を超えるものでした。

それでは陸軍がロシアを「仮想敵」とすることには、現実性があったのでしょうか。「帝国国防方針」が策定されたのは、日露両国が一年半にわたって死力を尽くして戦ってから、わずか一年半のちのことでした。両国の官民ともに、二度とああいう戦争はしたくないと思っていたに違いありません。そのような時に日本の陸軍がロシアの報復戦に備えて同国を「仮想敵」の筆頭に掲げることは、海軍が太平洋上でアメリカ海軍と雌雄を決しようとするのと同じ程度に非現実的なように思えます。陸軍の本当の仮想敵は、別にあったのではないでしょうか。

真の仮想敵はどこか

一九〇七（明治四〇）年の「帝国国防方針」に先立って前年一〇月に山県有朋が「私案」として天皇に上奏した意見書は、この疑問に正面から答えてくれます。彼はロシアと同様の「仮想敵」として中国を挙げているのです。四カ月後に正式に天皇の裁可を得た「帝国国防方針」では「露米独仏」が日本の仮想敵とされているのに、この山県の「私案」では「仮想敵」はロシアと中国に限られ、アメリカもドイツもフランスも含まれていませんでした。山県は、ロシア、ドイツ、フランスの複雑な関係を考察したうえで、次のように明言しています。

山県有朋

「わが作戦計画において第一に敵とすべきものはすなわち露国のみにして、他の欧州の強国は敵としてこれに備うるの要なし。」（『山県有朋意見書』二九四頁）

これにより、「帝国国防方針」の四つの仮想敵の中から、「米独仏」が落ちてロシアだけが残り、そのかわり、新たに「中国」が加わります。

「露国に次ぎ敵とすべき清国の存することは、一刻もこれを忘るべきにあらざるなり。」（同前書、同頁）

なぜ中国が日本の仮想敵となるのか。言うまでもなく、日露戦争の結果、日本が中国の領土主権内の南満州（関東州）の旅順・大連に特殊権益を持つにいたったからです。

今日でもときおり耳にする話に、日露戦争での日本の勝利は、有色人種の白色人種に対する勝利として、遠くインドまでを含めたアジア諸国の国民を勇気づけた、という議論があります。元老山県有朋も一面ではそのように理解していました。しかし、後世のこのようなアジア主義的な主張と山県のそれが大きく違っていたのは、勇気づけられた有色人種の矛先が、必ず白色人種に向かうとは限らないと考えていた点です。彼は大要次のように論じています。

「われが露国と戦って打ち破るや、これまで露国を一番恐れていた清国は、白色人種を軽んじる気持ちになるのと同時に、自力をもってその独立を維持するの望みもあることを自覚し、利権回復の論は到るところにその声を高め、守旧的で硬直的だった北京政府も今や将来の立憲制への移行を公約し、官制改革の議論もほぼ熟している。今後さらに租税制度を改め、兵制を確立した暁には、侮るべからざる敵となるであろう。

そうなれば北京政府はまず満州のわが利権に向かって妨害を試み、ついに激烈なる衝突を惹き起こす危険もある。殊に〔一九二三年に〕関東租借期限が満了する時には、清国は必ず日本に撤退を要求するだろうが、日本はもとよりこれに応ずることはできないので、談判交渉が行き詰まって交戦に到らないとは限らない。

これらのことから、日本の作戦計画は清国を以って第二の敵とせざるを得ない。」（同前書、二九四―二九五頁）

この一九〇六年一〇月の上奏は、日露講和条約でロシアから譲渡された南満州の特殊権益を一九〇五年一二月に中国政府に迫って承認させてから一年も経たない時期のものです。そこで一九二三（大正一二）年の返還期限を心配するのは神経過敏のようにも思えます。しかし、ロシアに対する宣戦布告で急に「朝鮮（韓国）の保全」に変えたとはいえ、それまでは「朝鮮の独立」と「支那の保全」を掲げてきた日本が、戦争に勝利すると朝鮮を保護国にし、満州をロシアと分割したことに、当事者の一人であった山県には心に引っ掛るものがあったのかも知れません。

一九二三年危機

それにしても、一九〇五（明治三八）年の日露戦争の終了から四五（昭和二〇）年の敗戦までの丸四〇年間の日本近代史において、日本の「生命線」としてつねに当然の前提とされてきた「満蒙権益」が、当初は一九二三（大正一二）年までの一八年間限りのものにすぎなかったことには、改めて驚かされます。一九一五年の悪名高い「対華二十一カ条要求」がなかったならば、第一次世界大戦後の「民族自決」の国際的な潮流の中で二三年に、期限切れの「満蒙権益」の返還を拒絶できたかどうかは、疑問の残るところです。

のちに改めて検討するように、筆者は第一次世界大戦中の東アジアの真空状態を利用して、いわば火事場泥棒のような形で「満蒙権益」の九九年間の延長を中国政府に承認させた二十一カ条要求を、時代遅れの「帝国主義外交」と批判的に理解する者です。しかし、一九一五年の時点では「満蒙権益」の有効期間があと八年しか残っていなかったことを考えると、二十一カ条要求のような貪欲で強圧なものは論外としても、大戦中に何らかの期間延長を中国政府に認めさせたいという誘惑に抗するのは当時の為政者には困難だったように思われます。

筆者のこのような理解は歴史研究者が陥りやすい思考の硬直性にもとづくものかも知れません。歴史研究者は物事の経緯を時系列的に連続して理解していきます。昨日に続いて今日があり、今日は明日に続く、と。

普通の時代ならば、このような理解は当を得たものでしょう。もちろん、歴史を善か悪かを基準に裁く歴史観からすれば、別の見方もできます。日露戦争の勝利に酔って南満州に特殊権益を獲得したのがそもそも間違いだったと断じてしまえば、その間違いを固定してしまった「帝国国防方針」を詳細に検討する必要もなくなります。日露戦争で「満蒙権益」を取らなければ、中国によるその奪回を怖れて、国防方針で中国を第二の（隠された）仮想敵とする必要もなく、二十一カ条要求も不要になります。

しかし、こういう風に歴史を裁断しない場合には、山県有朋が一九〇六年に強調した「一九二三年危機」を簡単には否定できません。一九〇五年の日露戦争の勝利でロシアから譲渡された南満州の特殊権益は、最初から一八年の期限付きだったのだから、一九二三年になったら当然返還すべきであると断じたら、歴史分析は成り立たないのです。

このディレンマを解消する途はないのでしょうか。日露戦争直後に、満蒙権益が期限付きのものであることに強い不安を表明した山県に一定の先見の明を認めながら、二十一カ条要求の方は批判的にとらえることはできないでしょうか。通常の時代と世界史的な転換期とで歴史研究者の視点を変えるという方法があるのではないでしょうか。第一次世界大戦という世界的な大転換の以前と以後では、「帝国」というものの在り方が根本的に変化します。大戦以前のように先進国が中国に特殊権益を分け持つ状態が大戦後にも続くかどうかは、不透明になってきたのです。そのような状況の中では、山県の「一九二三年危機」説の再考が必要だったはずです。大戦中の一九一五年の二十一カ条要求は、日露戦争後の「帝国国防方針」とは違った視点から検討すべきものと考えます。

海軍の策略

話を「帝国国防方針」に戻しましょう。これまで紹介してきたように、田中義一や山県有朋らの陸軍首脳部の「仮想敵」には、アメリカも、ドイツも、フランスも含まれていませんでした。

黄海海戦（一八九四年九月）や日本海海戦（一九〇五年五月）で知られるように、日清・日露両戦争での日本海軍の貢献は、絶大なものでした。しかし、日露戦争の結果、韓国を保護国とし、南満州を支配下に置いた日本にとっては、その地域の防衛の主力は陸軍の朝鮮軍と関東軍に置かれ、海軍の役割は補助的なものになりました。山県有朋のように仮想敵をロシアと中国に置くならば、日本海軍の出番は少なくならざるをえません。

前に見たように、海軍は、これに対抗してアメリカとドイツを「将来ノ敵」に入れることに成功します。その結果、一九〇七（明治四〇）年二月に両参謀総長（海軍は軍令部長）が連名で天皇に奉呈した「帝国国防方針」では、陸軍は平時二五個師団を、海軍は最新式の軍艦八隻と装甲巡洋艦八隻を常備することに定められました（中尾裕次「［資料紹介］帝国国防方針、国防ニ要スル兵力及帝国軍用兵綱領策定顚末」『戦史研究年報』第三号、九九―一〇〇頁）。

日露戦争直後の日本陸軍の師団数は一七でしたから、二五個師団とは八個師団の増設を意味します。また、海軍の「最新式」とは艦齢八年以下を意味しました。日露戦争前に計画された軍艦製造のうち、戦後にこの基準を充たすものは戦艦四隻、装甲巡洋艦四隻でしたから、ここに言う八・八艦隊（戦艦八隻・装甲巡洋艦八隻）とは倍増にあたります。あと戦艦と巡洋艦四隻ずつを購入するという意味です。

ちなみに海軍というものは一種の金喰い虫です。あと四年たてば、戦前の四隻ずつは「最新式」ではなくなり、新たに四隻を購入しなければなりません。「帝国国防方針」の裁可から四年後といえば一九一一（明治四四）年であり、その翌一二年末には「閥族打破・憲政擁護」の運動が、議会の内外で起きています。次の四年後とは一五年であり、その前年には（後で詳述しますが）海軍軍拡をめざす内閣が海軍汚職に憤る民衆運動によって倒されています。広く「大正政変」として括られるこれらの院内外の運動が起こった時期が、海軍の「最新式」軍艦の交代期と重なったことは、偶然ではないように思われます。

また、一九一二年末の「閥族打破」運動の直接のきっかけが、同じく「帝国国防方針」で謳われている二五個師団体制の未完成分六個師団のうちの二個師団増設を強く求める陸相上原勇《ゆう》作《さく》の単独辞任にあったことは、よく知られている通りです（次章で改めて触れます）。

「戦争」はしないが「軍拡」はする

これらのことが示唆するように、対露戦争の勝利に勢いづいた陸海軍の大膨張計画は、次項で記すように「内に立憲」側の強い抵抗にあいます。ただ、その前にもう一つだけ確認しておきましょう。「帝国国防方針」は日本の「強国化」により、誕生したばかりの「日本帝国」の維持強化をめざすものでしたが、具体的な「戦争」を目的とするものではなかったという点です。

日露戦争後、東アジアへの南下策を棄てたロシアは、かえって日本と協調的になりました。一九〇七（明治四〇）年七月に結ばれた第一次日露協約では、その秘密協約第一条において、満州南北に両国がもつ特殊権益を相互に確認しています。

陸海軍も含めて日本政府は、ロシアと協調して、中国から奪い分け合った満蒙権益を守ることをめざしており、再度の日露戦争は実際にはありえませんでした。それは陸軍軍拡のための口実でしかなかったのです。また、山県有朋が強調している、いわば「一九二三年危機」（ロシアから譲渡された満蒙特殊権益の期限切れ）についても、陸軍が韓国と南満州の軍事力を強化していれば、再度の日中戦争につながる可能性はほとんどありませんでした。日本の側が満蒙権益の拡大のための軍事行動を起こさない限り、中国との戦争の危険性は皆無に近かったのです。もちろん、太平洋上で日米両艦隊が雌雄を賭けて決戦するなどということは、当の海軍首脳部も本気にしてはいなかったと思われます。

これを言い換えれば、陸軍がロシアを、海軍がアメリカを仮想敵と定めたということは、日本は当面「戦争」はしないと定めたのに等しかったということです。しかし、強化された日本の軍隊は、東アジアへの「侵略（進出）」については強めることになるでしょう。山県有朋の「清国仮想敵」論はそれを示唆するものでした。「侵略」はするが「戦争」はしない、「戦争」

はしないが「軍拡」には努める、これが一九〇七年策定の「帝国国防方針」のホンネだったのです。

大正デモクラシーの抵抗と妥協

日露戦争直後の講和反対運動(一九〇五年九月)から一九二五(大正一四)年の男子普通選挙制の実現までの二〇年間は、「大正デモクラシー期」と呼ばれています。この時期は先に述べた「侵略」はしても「戦争」はしない「帝国」の時代とほぼ重なっています。まさに「内に立憲、外に帝国」の時代だったのです。

第Ⅱ部の「はじめに」で紹介したように、これを「大正デモクラシー」の限界と批判したのは、他ならぬ「大正デモクラシー」研究の先駆者、故松尾尊兊京都大学名誉教授でした。「朝鮮・中国に対する侵略批判という点では、吉野〔作造〕さんは極端に言えば孤立無援」であったことを明らかにしたのです。

これを言い換えれば、「大正デモクラシー」は「侵略」には眼をつぶって、政党政治と普通選挙の実現(「内に立憲」)をめざしたものと言うことができるでしょう。

しかし、日清戦争前や日露戦争前の「立憲」勢力と同じように、「大正デモクラシー」も

「軍拡」には強く抵抗しました。このことは（詳しくは後で見るように）、一九一二年末の陸軍二個師団増設問題や、一四年三月のシーメンス事件を想起すれば、容易に推測できるでしょう。

たしかに、いわゆる日露戦後経営もその当初は、日清戦後経営と同様に、軍拡について内閣と議会の同意を得て始まりました。日露戦争後の内閣は、衆議院第一党の政友会を与党とする第一次西園寺《さいおんじ》公望《きんもち》内閣で一九〇六（明治三九）年一月に成立しました。こういうと陸海軍軍拡も含めた財政政策は、戦争の翌年から政党を通じて衆議院の拘束を受けていたように響くかもしれません。しかし、予算というものは前年の一二月には内閣の手で大枠は確定しており、翌年開かれる議会にできることは、予算案全部の否決（この場合には前年度の予算が施行される）か、さもなくば微修正に限られます。

第一次西園寺内閣は、前年のロシアとの無賠償講和への国民の不満をやわらげるために、第一党政友会の総裁を首相とする政党内閣として成立しました。ですので、内閣提出の予算案が衆議院で否決される恐れはありませんでした。しかし、内閣の成立が一九〇六年一月ですから、予算案の大枠は、内閣成立時には軍部や官僚層だけに依拠する非政党内閣たる第一次桂太郎内閣によって策定されていました。

先に紹介した中里裕司の研究によれば、この軍閥・官僚内閣の置き土産予算の中には、陸軍の四個師団増設をはじめとする陸海軍軍拡計画が継続費として含まれていたといいます（前掲書、一六〇―一六三頁)。この点では、先に見た日清戦後経営といくぶん似ていますが、「無賠償講和」で知られる日露戦争の戦後経営は、はるかに短命で、先にやや詳しく紹介した一九〇七年の「帝国国防方針」は、当然この「継続費」には含まれていません。それゆえに、衆議院を拘束できるものではありませんでした。

帷幄上奏――内閣の承認のない「帝国国防方針」は影響力をもたなかったか?

しかも、その方針は陸軍参謀総長と海軍軍令部長(本書では時に両者を陸海軍参謀総長と記す)が、内閣の同意を得ずに直接に天皇に上奏して、その裁可を得たものでした。閣議の決定を経ずに両参謀総長が直接天皇に上奏することは、「帷幄上奏《いあくじょうそう》」と呼ばれます。「帷」も「幄」もともに「幕」の意味で、大元帥たる天皇がその「幕」の中で作戦会議を開いて戦闘を指揮するのです。もちろんこれは言葉の由来で、実際の上奏は皇居の中で行われます。

この「帷幄上奏」が、言葉の由来通り天皇の統帥権(作戦と用兵に限られる)の範囲で認められることに、憲法上の疑義はありませんでした。明治憲法第一一条がそれです(「天皇ハ陸海軍ヲ統帥ス」)。

しかし、この「帷幄上奏」が第一二条の定める「編制大権」に関わる決定にも有効かどうかは、議論の分かれるところでした。第一二条の編制大権とは、陸海軍の編制と常備兵額を定めるのは天皇の政府であって、議会の干渉は許されない、とするものです。この条文の解釈については、伊藤博文『憲法義解』の説明自体が両義的でした。伊藤は、「これもとより責任大臣の輔弼《ほひつ》によるといえども、また帷幄の軍令と均しく至尊の大権に属すべくして、しかして議会の干渉をまたざるべきなり」としています。

「帝国国防方針」策定の五年後に刊行され、大正期から昭和初年にかけて、学界だけではなく官界でも主流となった美濃部達吉の『憲法講話』は、伊藤のこの註解のうち「帷幄の軍令と均しく」の部分を無視しました。そうすれば伊藤の解釈は、「これもとより責任大臣の輔弼によるといえども、……至尊の大権に属すべくして、しかして議会の干渉をまたざるべきなり」、となります。いいかえれば、「陸海軍ノ編制及常備兵額」の決定は、「責任大臣」すなわち陸海軍大臣の「輔弼」を必要とするが、「議会の干渉」は受けない。これが、美濃部による伊藤註釈の解釈であり、また美濃部の憲法第一二条の解釈だったのです。

「帝国国防方針」は、言うまでもなく「陸海軍ノ編制及常備兵額」の決定です。美濃部の解釈によれば、参謀総長と海軍軍令部長だけの上奏では第一二条の要件を充たしていませんので、国策としての拘束力はないことになります。角田順によれば、防衛庁（省）防衛研究所戦史室所蔵文書にも、この上奏を天皇が裁可した後に西園寺公望首相に天皇から「御沙汰」があった記録も、陸海軍両大臣を通じて首相に報告された記録もなく、そもそもこの「帝国国防方針」に関する記録そのものが、内閣、陸軍省および海軍省には存在しない、といいます（角田前掲書、七〇五頁）。

それでは「帝国国防方針」などは、単なる陸海軍両参謀総長と天皇との私的な約束事で、国政上は何の影響力も持たないものだったのかといえば、そうとも限りません。先に記したように、美濃部の第一二条解釈は伊藤博文の『憲法義解』から「帷幄の軍令（統帥権）と均しく」の部分を無視して初めて成立するものでした。この部分を無視しなければ、国防方針の決定は、「帷幄の軍令と均しく至尊（天皇）の大権に属す」るのですから、第一一条の統帥権の独立との違いは明らかではなくなります。

面倒くさい憲法解釈論を省いて結論だけを記せば、第一二条の定める国防方針の決定に関しては、陸海軍大臣と同様に陸海軍両参謀総長の意向は、無視できない重要性を持っていたのです。ひと言でいえば、一九〇七年策定の「帝国国防方針」は、内閣に対しても一定の有効性を持っていたのです。

積極政策と軍拡

ただ、いつの時代も同じように、無い袖は振れません。陸軍二五個師団、海軍八・八艦隊という大拡張計画は一応了承しても、時の総理大臣西園寺公望は、日露戦争という総力戦の後の財政難の下であるから、いつ、どれだけ実現するかは内閣の意向を尊重してもらいたいと天皇に奉答したのです。「帝国国防方針」の裁可の時点で、軍拡の規模と速度をめぐる軍部と内閣の対立は、すでに始まっていたのです。

「継続費」の扱いを得られない「帝国国防方針」の前に立ちふさがったのは、憲法上の内閣権限だけではありません。日露戦争後には、与党の時はもちろん野党の時にも、予算決定に大きな力を持ち続けた政友会の、いわゆる「積極主義」も陸海軍軍拡の前に立ちふさがりました。

すでに指摘してきたように、政友会は、その前身の自由党時代の末期から、鉄道、港湾、電信電話などの運輸・通信インフラの地方への普及を掲げて、その地方地盤を固めてきました。地租軽減要求（民力休養）から、地方向け公共事業の拡充（積極主義）への方針転換です。同党が衆議院の過半数を獲得するのは、その与党時代に行われた一九〇八（明治四一）年の総選挙においてですが、それ以前から、この政策により第一党でありつづけたのです。

西園寺公望

本書の「立憲」に関する記述の中ですでに明らかにしてきたように、予算案だけは衆議院の第一党の意向を無視しては成立しません。そしてその第一党が、陸海軍事費に次いで予算を要するインフラの充実を掲げつづけていたのです。

なかでも、「我田引鉄」という言葉が残っているとおり、鉄道敷設は地方の有権者を惹きつける最大の武器でした。半世紀ほど前に、明治時代の福井県の政治家杉田定一《ていいち》関係の資料を探していた時、土地の旧家の主人から〝橋は一代、鉄道は三代〟という話を聞いたことがあります。地元に鉄道一本引いてくれれば、孫の代までの地盤ができるというのです。

一九〇六年、政友会を与党とする第一次西園寺内閣が、公債を財源として一七の私鉄を国家が一〇年間で買い上げる法案を成立させました。経営不振の私鉄を買収し国鉄にしただけでは「我田引鉄」はできません。しかし、この鉄道国有法の成立はこれ以後の国鉄拡充の号砲として、政友会支持者を元気づけました。

鉄道国有法が一九〇六年三月、「帝国国防方針」が翌〇七年二月です。日本の総力を挙げた日露戦争の終了からわずか一年半の内に、鉄道と陸海軍の大拡充が計画されたのです。

先に記したように、「帝国国防方針」を天皇から示された西園寺首相は、長期目標としては了承しても、苦しい戦後財政の下であるからその実施時期は内閣の意向を尊重してもらいたいと奉答しました。その内閣自体が、すでに公債財源による鉄道の国有化を実施していたのです。

それに新たな国防方針にもとづく陸海軍軍拡が加わりました。素人目にも、国家財政はたちまち破綻しそうに見えます。

たしかに日露戦争後の財政困難は尋常なものではありませんでした。一年半余りにわたる総力戦に費やした戦費は、戦前の一般会計歳出の六倍近い約一七億円に及び、そのうち約七億円は外債、六億円は内債、残りの三億円余りは特別増税を含む税収で賄われました。約一三億円の内外債はいわば中期の借金であり、いずれ利子を付けて返還しなければなりません。特別増税後の三億二〇〇〇万円は戦前の税収一億五〇〇〇万円の二倍です。

いわゆる日露戦後経営は、約一三億円の借金と国民の担税力の限界に近い増税の上に進められたのです（非常特別税は戦争が終わっても撤廃されませんでした）。これ以上の増税は不可能な状況で、一三億円もの借金を抱え、そのうえ鉄道の国有化をやり、二五個師団の陸軍（純増分は八個師団）と八・八艦隊（純増分は四・四艦隊）を備えると言われれば、明治の末年（一九一二年）までに財政破綻に陥らなかったのが不思議に思えるでしょう。

桂園体制――桂官僚閥と陸軍vs西園寺政友会と海軍

しかし、事が陸軍、海軍、政友会の三大勢力の間での予算増額合戦だけならば、財政難がただちに政治的混乱をもたらすとは限りません。日露戦争後の政治体制は普通「桂園体制」と呼ばれています。軍部と官僚と貴族院とを掌握した官僚閥の代表桂太郎と、衆議院の過半数を握る政友会の総裁西園寺公望とが交互に首相の座に就いて、両勢力間の協調をはかったことに由来する名称です。桂太郎の「桂」と西園寺公望の「園」をとってつけられたのです。この体制について当時の高名なジャーナリスト徳富蘇峰《とくとみそほう》は、その終焉から間もない一九一六（大正五）年の著書で次のように描写しています。

「明治三十六年より明治四十五年に亘る約十年間〔一九〇三―一二年〕は、桂、西園寺の天下と云うも溢言にあらざりし也。桂、内閣に立てば、西園寺は政友会を率いてこれを衆議院に援護し、西園寺、内閣に立てば、桂はその党与とも云うべき貴族院の多数とともに、これを幇助したり。（中略）かくのごとくして十年間の内政的泰平を維持したりしなり。

しかりといえども、もしこの筋書のごとく内輪の機関が順当に運行すべきとせば、天下に難事なきなり。はたしてかくのごとくんば、政治ほど楽なものはなく、（中略）政治は人類のもっとも気軽者、安逸漢の専門にて可なり。」（『大正政局史論』六頁）

引用部分の後半にあるように、蘇峰の著書の意図は表面的な安定の裏面で進行していた、両勢力内部と両勢力によって政治から疎外されていた諸勢力の反撃の分析にありました。もしこの疎外された諸勢力の反撃がなければ、財政難だけでは後述する「大正政変」の名で知られる政界再編成は起こらなかったかもしれません。

陸軍出身の桂太郎が率いる官僚閥では満蒙権益に関心の薄い海軍の利益は重視されませんでしたが、そのかわり海軍は政友会を率いる西園寺に近づきました。陸軍と官僚と貴族院は桂太郎の影響下に、海軍と衆議院は西園寺公望に期待するという形で、「桂園体制」は三大勢力間のバランスを保っていたのです。

こうして見ると、実際には日露戦争後の第一次西園寺内閣の成立から明治の末年までの七年間続いた「桂園時代」、あるいは筆者が以前の著作で「一九〇〇年体制」と呼んだ体制自体は、

徳富蘇峰

実は一八九〇年の議会開設以来の政治体制と大きく違ったものではなかったように思えます。軍備拡張を求める陸海軍と農村地主の利益を代表する自由党→政友会との利害調整が政治の主な仕事だったのです。「帝国」と「立憲」の利害調整は容易なことではありませんでした。しかし、その調整に関わる勢力は、わりと少数だったといえます。

都市商工業者の台頭

しかし、日露戦争後の政治構造は大きく変化しており、政治の課題は陸海軍と農村地主の利害調整だけにはとどまらなくなっていました。都市化の進展によって、商工業者や都市雑業層も独自の要求を表明しはじめたのです。

商工業者の政治進出には、総選挙を通じてのものと、圧力団体としてのものとがありました。前者は選挙法の改正によって実現されました。一九〇〇（明治三三）年三月に第二次山県内閣の下で、準与党の憲政党の支持を得て行われた改正によって、三七六（のちに三七九）の総議席のうち七三議席が郡部とは区別された都市部の独立選挙区に割り振られたのです。市部独立の意図を政府委員金子堅太郎《けんたろう》（農商務大臣）は、「農家に相当するだけの商工業者の代表を衆議院に出す」ことにあると明言しています（『大日本帝国議会誌』第四巻、一〇四五頁）。

しかし、三七九議席中の七三議席では、衆議院を通じての都市商工業者の政治的影響力はさほど大きくはなりません。彼らのそれは、むしろ圧力団体を通じて発揮されました。

各地の商業会議所が連合会を結成したのは一八九二年ですが、それが連合会としての実質を得たのは、九四年に東京商業会議所が連合会に加入した第三回大会以後のことでした。九六年の営業税の国税化は、この商業会議所連合会に圧力団体として活動する機会を与えます。地方税としての営業税は府県ごとに高低があり、統一した軽減運動は困難でした。その国税化は一方では増税を意味しましたが（低い方に統一したのでは、そもそも国税化の意味がありません）、他方では商業会議所連合会に結集しての減税運動を可能にしたのです。

一九〇四―〇五年の日露戦争中の非常特別税によって、二・五倍以上になった営業税が戦争後にも継続されたために、商業会議所連合会の減税要求はさらに強まりました。とくに、一九〇七年末からの日露戦後恐慌が連合会の圧力活動を活発化させます。政友会を与党とする第一次西園寺内閣が財源不足を酒税と砂糖消費税の増徴と石油消費税の新設によって切り抜けようとした時、消費の低減を懸念する同連合会は直接の被害者である零細企業や都市生活者と連携する動きをみせたのです。翌年一月の連合会の開催にあたって、仮議長の中野武営《ぶえい》（東京商業会議所会頭）は、次のように述べています。

中野武営

「今度の問題につきましては、政府は自分の計画したところのものを遂行したいという一点張りになっておるのであります。これを喰止めるというのでございますから、それは政府者に向ってのみ哀願をしたり建議したりいたして決してこの惰力を喰止めることは出来ぬということは、分り切って居る。これはどうしても日本人民の力を以って喰止めるより、致しかたがない。」（『臨時商業会議所連合会議事速記録』一七頁）

これを裏返せば、それまでの商業会議所の要求は、政府に向かって「哀願」したり「建議」したりするにとどまっていたことになります。「日本人民の力を以って喰止める」とは大袈裟すぎる表現ではありますが、同会議所連合会が政府だけではなく世論にもその要求を訴えはじめたことだけは確かです。それまでの政治が、鉄道を地方に普及させるか（積極主義）地租を軽減するかの違いはあっても、もっぱら農村地主の要求を考慮していればよかったのに対し、営業税の軽減や消費税の廃止などという都市の中小商工業者の要求にも配慮しなければならなくなってきたのです。

利害対立の多極化

実業界といっても大中小さまざまですが、日本経済の中枢を握る金融界は「日本人民の力」などには、もちろん頼ろうとしませんでした。しかし一九〇七（明治四〇）年末からの戦後恐慌の中で、金融業者も戦争中に買い入れた国債の早期償還を政府に迫っていました。不況下で資金繰りに苦しむ商工業者も、これを支持しました。詳細な論証を省いて結論だけ記せば、大銀行は戦時公債の償還を、中小企業は営業税の軽減を、零細企業は消費税の撤廃を望んでおり、物価高に苦しむ一般の都市生活者もこれを支持していたのです。

政府の財政政策の観点からこの状況に応える途は、行政整理をして財政を緊縮するしかありません。しかし、そうすれば、陸海軍軍拡だけではなく、与党政友会の地方へのインフラ投資政策にもブレーキがかかります。陸軍、海軍、政友会、金融界、中小企業のそれぞれの要求を実現しようとすれば、一文の賠償金も獲れなかった日露戦争の後の国家財政はたちどころに破綻するでしょう。明治の最末年（大正元年、一九一二年）の総合雑誌『日本及日本人』は、このような四分五裂する諸利害の対立状況を、大要次のように描写しています（一一月号）。

「忌憚《きたん》なく言えば、われわれは今の社会のあまりに我儘《わがまま》勝手なのに驚く。帝国財政の困難なことは、六千万人中の誰もが承知していることではないか。それなのに、この財政の不如意をよく知っていながら、官吏は自己の管轄下の事業の拡張を競っている。現に陸軍は師団の増加を強要し、海軍は新艦の増加を求めている。銀行業者は国債の償還を求むるかと思えば、実業界は事業の勃興を求め、国民は一般に租税の軽減を望むかと思えば、大多数国民の代表者〔政友会〕は、それぞれの地方の利害問題を捉えて、あるいは鉄道の敷設を望み、あるいは港湾河川の修築を求めている。いわゆる出来ぬ相談なことを知りつつ、各自争ってその出来ぬ相談を要望する、これが今日の状態である。」（七頁）

民主化運動の進展

このような社会諸集団の個別的な利益欲求の噴出は、「帝国化」にとっては不利でも「民主化」にとってはむしろ有利な状況でした。陸海軍と農村地主の利害調整だけで済んだ日露戦争以前には、納税額による制限を引き下げることで有権者を約五〇万人から一〇〇万人に増やしただけが「民主化」の進展でした。当時の選挙法が対象としたのは二五歳以上の男子ですが、その定義に従っても、成年男子は一〇〇〇万人以上いました（二五歳以上男子のすべてが選挙権を行使した一九二八（昭和三）年の総選挙では、有権者総数約一二五〇万）。

日露戦争後も、直接国税一〇円以上、年齢二五歳以上、男性限定という選挙法は、一九一九年三月に直接国税三円以上となるまで変わらず、男子限定の普通選挙法は、一九二五（大正一四）年まで実現しなかったのです。

このような選挙法の下で先に記したような利害対立の多極化が生じているのに、普通選挙制を求める声は、一九一四年七月の第一次大戦勃発の直前まではあがりませんでした。その最大の理由は、進歩的な政党や知識人の「改革」目標が、藩閥専制の内閣（政党員を含まない「超然内閣」）を倒して政党内閣を樹立することに集中していたからです。

どうも政治的な進歩というものは、段階的にしか起こらないもののようです。一八八〇年前後の自由民権運動の目標が国会の開設だったように、国会の開設以後の政治改革の目標は、その国会で多数を占めた政党に内閣を組織させること（議院内閣制）にあったのです。陸軍の横暴に反発して一九一二年末から翌一三年二月にかけて全国の都市部で展開された民主化運動の標語が「閥族打破・憲政擁護」だったことは、象徴的です。

先に記したように、日露戦争後の組織的、集団的利害の多様化は、「出来ぬ相談」の相克をもたらしていました。今日の言葉で言う「決められない政治」です。しかし、それは同時に政治の民主化を意味するものでもありました。政策決定に影響力を持つ集団が四つも五つもある状況は、寡頭政治を修正するという意味で民主化の一歩ですが、さらに日露戦後に生じた都市民衆の街頭行動が、支配的勢力の一部の支持を得ることによって社会底辺の政治的発言権の拡大をもたらしたのです。

日露戦争終了時の一九〇五年九月の日比谷焼打ち事件に続く、一九一二―一三年の第一次憲政擁護運動と一四年のシーメンス事件は、次章で述べるように、数万におよぶ都市民衆の集会・デモが、それぞれ時の内閣を退陣させたもので、政治の民主化を大きく進めた事件でした。「大正デモクラシー」の実践的理論家として登場したばかりの吉野作造は、シーメンス事件直後の雑誌『中央公論』で、これら三つの「民衆的示威運動」を、「日本今日の憲政の発達と云う上から見て……一つの喜ぶべき現象である」と断言しています。吉野は「憲政」という言葉を「デモクラシー」と同じ意味で使っており、その点では筆者が「帝国」に対比して「立憲」という言葉を使ってきたのと同様です。吉野は先の引用につづけて、民衆的示威運動が「喜ぶべき現象である」とする理由を次のように記しています。

「それは、政治問題の解釈ないし政権の授受に関する終局の決定を、民衆の判断の左右するところたらしめんとする意味において、または民衆の判断を政治上重要なる意義あるものたらしめんとするという点において、私はこれを喜ぶべき現象であると云うのである。」(『現代の政治』三一―四頁)

第7章 大正政変からシーメンス事件へ——「帝国」の停滞と「立憲」の高揚

双子の赤字

日本の「帝国」化は日露戦争の勝利によって急速に進展します。南満州権益の獲得（一九〇五年）と韓国の併合（一九一〇年）とは、対外的な「帝国」化の象徴であり、「帝国国防方針」の策定（一九〇七年）は、この「帝国」化への国内的備えでした。

しかし、この流れは、一九一〇（明治四三）年の韓国併合を境に、停滞を余儀なくされます。その一因は国家財政と国際収支のいわゆる双子の赤字にありました。

日露戦争中に倍増された非常特別税は戦後にも継続されましたが、それは同時に戦後の財政運営では、酒税その他の間接税以外では「増税」が不可能なことを意味していました。また、日露戦争までは頼りになった外債の募集にも、財政担当者は依存したがりませんでした。戦争中に募集した外債の償還金と利払いは、一九〇七年から一一年までに六億円（一年間の租税収入の一・五倍）におよんでいたからです。また、すでに記したように、経済不況の下で既発公債の早期償還を求めていた国内金融機関が内債募集に応じる可能性も高くはありませんでした。日露戦争後の財政も金融も、身動きできない状況に置かれていたのです。

そのような状況下においては、一七個師団を二五個師団に増やすという陸軍の要求や、最新式戦艦と装甲巡洋艦とを四隻ずつ購入するという海軍の要求に、そのまま応じられる内閣は登場しませんでした。藩閥官僚を率いる桂太郎の内閣も、政友会の総裁が組織した西園寺公望内閣も、その一部を承認しただけでした。

具体的に言えば、陸軍は「帝国国防方針」裁可の一九〇七年に、第一七師団（岡山）と第一八師団（久留米）の二個師団の増設が認められただけでした。海軍の八・八艦隊要求（当面は一九一一年までに新艦四隻ずつ）も、当初は陸軍同様に戦艦一隻、装甲巡洋艦三隻が認められたにすぎません。西園寺内閣の下、明治の最末年（後に大正元年と変更）の一九一二年度予算で戦艦三隻の購入が承認され、その前の第二次桂内閣の下で認められた戦艦一隻と装甲巡洋艦三隻と合わせて、ほぼ当初の要求に近い戦艦四隻、装甲巡洋艦三隻の編制がようやく実現の途についたのです。

世論はなぜ海軍に甘く、陸軍に厳しかったのか

先に見た「帝国国防方針」の策定過程では陸軍側にほとんど相手にされなかったアメリカを仮想敵とする海軍軍拡が、実際には陸軍の師団増設よりもはるかに円滑に進んでいったのは、なぜでしょうか。しかも、その差が歴然となったのは、衆議院の第一党の政友会総裁が組織した第二次西園寺内閣の下でした（戦艦三隻の承認）。

これに関しては、先にやや詳しく紹介した一九〇七（明治四〇）年の「帝国国防方針」策定の経緯が、ヒントを与えてくれます。陸軍の山県有朋や田中義一が指摘していたとおり、海軍が想定する日米戦争は当時にあっては完全な絵空事でした。それに比べれば、陸軍が想定する対露、対中戦争、なかでも対中国戦争は、きわめて現実味を帯びたものでした。

すでに記したように、満蒙開発を進める日本が一九二三（大正一二）年の返還期限がきたからといって同権益を中国に返還することは、ありえませんでした。しかし他方で、日清戦争に敗れて以後の中国は、単に対日報復心を燃やしていただけではなく、経済的にも軍事的にも、さらには政治体制においても、近代化に努めていました。日本が求める期限延長を軍事的圧力なしにすんなりと容認するような状況にはなかったのです。ひと言でいえば、海軍軍拡は戦争

にはつながらないが、陸軍軍拡は戦争に直接つながりかねないものだったのです。

前章までに明らかにしたように、日清戦争の前にも日露戦争の前にも、政党や一般国民は、海軍軍拡に相当な抵抗を示しました。それはどちらの戦争でも、海軍は陸軍に並ぶ主力であり、その軍備が整うまで政府が戦争に踏み切れないことを知っていたからです。

上原勇作

しかし、日露戦争後は事情が違います。海軍がアメリカに対して開戦する可能性はゼロに近かった一方で、陸軍が満蒙権益の期限延長を求めて中国と戦端を開く可能性は相当に高かったのです。政党や世論はそれを感じとっていたから、海軍軍拡に甘く、陸軍軍拡には厳しかったのではないか。一九一一年末に海軍に戦艦三隻の新規建造（購入）を認めた政友会の第二次西園寺内閣が、翌一二年末には陸軍の二個師団増設を拒否したのは、このことを示唆しています。
また、この不公平に激怒した上原勇作陸軍大臣が単独で天皇に辞表を提出して政友会内閣を辞任に追い込んだとき、政党や言論界や都市民衆が「閥族打破・憲政擁護」の標語の下に結集して、その後を継いだ陸軍閥の第三次桂内閣を、わずか二カ月で退陣に追い込んだこと（大正政変）も、筆者の仮説を支持しているように思われます。

陸軍軍拡への集中砲火

「国防」とか「帝国」とかいう観点からすれば最も現実性を備えていた陸軍軍拡は、先に記した多様化する個別利益の相互対立の中で一番不人気でした。その陸軍が、一九一二（大正元）年一二月、海軍重視の第二次西園寺内閣を、上原勇作陸相の単独辞任により無理心中の形で退陣に追い込みます。桂太郎の側近で「国民新聞」のオーナー記者であった徳富蘇峰は、第二次西園寺内閣退陣の三日後に、陸軍の有力者で朝鮮総督であった寺内正毅《てらうちまさたけ》に、大要次のような手紙を送りました。

「閣下が朝鮮総督府にご帰任ののち、東京の政局は急転直下し、いわゆる党人横暴の極に達し、〔第二次西園寺内閣の〕自業自得の瓦解を陸軍のせいと公言し、軍人征伐、長州征伐、閥族征伐などと、あられもなきことを絶叫し、（中略）しかも、奇怪なるは東都および各地の商業会議所が増師反対やら西園寺内閣賛成やらの決議をなし、まるでこれも政党かぶれとなり附和雷同、いかにも片腹痛き極みと存じ奉り候。」（「寺内正毅関係文書」三三〇の三、一九一二年一二月八日付、一部書き改めてある）

ここで徳富蘇峰が紹介している「東都および各地の商業会議所」の師団増設反対の動きの一例を挙げておきましょう。一二月四日に東京商業会議所が「時局問題に関する委員会」を開き、「西園寺内閣が財政行政の整理に努め師団増設の議を排したるを多とすること」を決議しています（『東京商業会議所月報』第五巻一二号）。日露戦争後の利益集団の多様化の中で、それまで日本政治に最大の影響力を持ってきた農村地主に対抗する有力な存在となってきた都市商工業者が、はっきりと陸軍軍拡に反対の意を表明したのです。

諸勢力の批判の的となった陸軍は、海軍もそれに加わっていると疑っていました。陸軍省軍務局長だった田中義一は、前年度に海軍軍拡だけが認められた時から、第二次西園寺内閣と海軍首脳部の政治的結びつきに警戒するよう、陸軍首脳部に訴えつづけていました。彼は一九一一年の中国での辛亥革命に際して陸軍の介入要求を抑えた「原動力」は海軍であることを暗示する、おおよそ次のような手紙を寺内正毅に送っています。

「特にご報道いたしたきことは、政府にこのような失態を演じるにいたらしめた原動力の存在と申すことにご座候。帝国の大陸に向けて発展するを喜ばざる部類の人あり、自己の畑を拡張することのみを知って国の存立を思わざるの人あり、また、これより生ずる猜疑心《さいぎしん》より、他の発展の途を杜絶《とぜつ》するためには国運を犠牲に供するをも辞せずというがごとき一派の人々あり。」（「寺内正毅関係文書」三二五の九、一九一二年二月日付不明）

きわめて間接的な表現を使っていますが、ここに記されている「一派の人々」が、海軍の中心人物を指していることは明らかです。明治末年の政治における陸海軍の対立を示す資料としても重要ですが、ここでは田中が陸軍の二個師団増設に反対する者たちを、「帝国の大陸に向けて発展するを喜ばざる部類の人」と呼んでいることに注目しましょう。

一九〇七年の「帝国国防方針」の策定過程で、田中は海軍のアメリカ仮想敵論を非現実的と批判していました。その田中にとっては、日本帝国の目標は「大陸に向けて発展する」ことにしかありません。これを裏返せば、陸軍の師団増設に反対する者たちは日本の「帝国」化に反対する者となります。

大正政変

その陸軍の二個師団増設に反対する者たちの共通の標語が「閥族打破」による「憲政擁護」でした。本書で広い意味で使ってきた「立憲」そのものです。「大正政変」とか「第一次憲政擁護運動」とか呼ばれる大正初年の都市民衆運動は、「帝国」と「立憲」とが、正面から衝突した稀有な事例だったのです。

上原陸相の単独辞任により第二次西園寺内閣が総辞職した一九一二（大正元）年一二月五日から第三次桂内閣が成立する一二月二一日まで、一六日もかかったことが、陸軍と政党、陸軍と言論界、陸軍と都市民衆の対立がもたらした政治的混乱の大きさを物語っています。第三次桂内閣の成立はこの混乱を一層拡大しました。元老会議の思惑では、日露戦争後七年間続いてきた桂と政友会との関係からして、衆議院の過半数を握る政友会は桂内閣なら支持するはずでした。また桂太郎自身には、野党第一党の国民党の右派を軸に桂新党を作れば、他の政党は解散を怖れて民衆運動に距離を置くという計算がありました。この桂新党が、後の立憲同志会→憲政会→立憲民政党の前身になります。

通常の状況ならば、元老会議の読みも桂首相の計算も、決して的外れのものではありません。政友会の指導者原敬は、野党と新聞雑誌記者が結成した憲政擁護会に同党員が参加することを禁じないまでも、自らがこの会合に出席するのは最後の最後まで控えていました。桂内閣との妥協の余地を残していたのです。また憲政擁護会自身も、みずからが呼びかけたこの運動によって、第三次桂内閣を退陣に追い込めるとは思っていませんでした。成立直後に召集された第三〇議会で桂内閣が解散、総選挙に打って出ることを大前提として、現有議員の再選を目的として同会は結成されたのです。

後継内閣の組織に時間がかかったために、第三〇議会が召集されたのは通常より遅い一二月二四日でした。年末年始には議会は休会になります。当時の慣例では議員の正月休暇は四週間で、議会の再開は翌一九一三年一月二一日でした。が、組閣以来日も浅いので、桂首相は予算案の印刷が間に合わないとして、二月五日の再開を各党の代表に申し入れます。しかし政友会の原敬は、「議会は予算のみを議すべき所にあらざれば、例年の通り一月の二十日まで休会すること」を主張して譲りませんでした（『原敬日記』第三巻、二七五頁）。

この桂首相と原敬のやりとりは、一月二一日再開の議会が混乱すれば、桂の当初の要望どおり二月五日まで停会に入ることは、政治のプロたちの間では想定内の事態だったことを示唆しています。しかし、「閥族打破・憲政擁護」の標語に喚起された言論界や民衆運動にとっては、桂内閣の民意を無視した横暴と映りました。停会直後の一月二四日に築地の新富座で開かれた第二回憲政擁護演説会は、非常な盛会だったといいます。

桂太郎

世論の高揚に加えて、桂首相が第二党の国民党の一部に従来からの藩閥支持党の中央倶楽部を併せて三八一議席中の九三議席を占める新党を、一月二一日の議会再開の前日に結成したことが、第一党の政友会（三八一議席中の二二一議席）から妥協の余地を奪いました。政友会幹部の野田卯太郎《うたろう》は元老の井上馨に打開策を聞かれた時、「桂すでに新政党を作りて我が政友会に反対せんとする以上は妙案あるべきようなし」と言い切っています（『原敬日記』第三巻、二八一頁）。ただ、停会明けの二月五日に、政友会と国民党が一致して桂内閣の不信任案を提出するまでの約二週間のうちに、日露戦争後七年以上続いてきた桂系官僚閥と政友会との間で、なんらかの妥協が成立するというのが、政治のプロの世界での根強い見方でした。

しかし、すでに記したように、日露戦争後の「憲政」は、もはや内閣と衆議院の枠内だけには収まらなくなっていました。都市民衆の集会やデモが、政治の方向を決める一要因になってきたのです。

野党が解散を怖れるのは、いつの時代でも同じです。過半数政党でありながら野党だった政友会の中にも、解散を避けるために桂内閣との妥協を求める者は少なくありませんでした。しかし、西園寺公望の後を継いだ原敬は、世論や都市民衆の動向を注意深く見つめていました。一方では桂内閣との妥協の余地を残しながら、世論や民衆の動向に応じて、一歩ずつ内閣不信任案提出の方向に舵《かじ》を切っていったのです。

一月二四日にはまだ大演説会（聴衆約三〇〇〇人）にすぎなかった憲政擁護運動は、二月五日の議会の再開時には国会周辺の示威運動に発展しました。原敬はその日記に、「正午登院せしが、院外には公衆群集して喧騒せり」と記しています。この日、政友会所属の代議士は一人の病気欠席者を除く二一四名、桂内閣不信任決議案に白票（賛成票）を投ずるつもりで登院し、再度の停会の後に開かれた白票懇親会には原敬自ら演壇に立ちました。原敬は桂を捨てて民衆の側に立ったのです。

陸軍から海軍へ

この時から一九一三（大正二）年二月一〇日の民衆による議事堂包囲、桂首相の辞意表明とその後に続く民衆による交番や御用新聞の焼打ち、その大阪、神戸、広島、京都への波及、二月二〇日の政友会に支持された海軍系内閣（第一次山本権兵衛《ごんべえ》内閣）成立の経緯については、詳細を省きましょう。この時期を対象とした多くの研究によって、すでに詳しく明らかにされているからです。

「帝国」と「立憲」の関係を軸に日本近代史を検討しようとする本書の観点から重要なことは、次の三点です。

第一は、「立憲」の構成要素の中に、都市民衆が定着した点です。もはや政治は、官僚閥と政党の対立と妥協だけでは片付かなくなったのです。ただし、都市民衆の街頭行動というものが、期間限定のものであることも、同時に明らかになりました。日露講和後の民衆の街頭行動が、一九〇五（明治三八）年九月五日の講和条約の調印に始まり一〇月四日の枢密院審査の終了までの期間限定のものだったのと同様に、一九一二年末に始まり翌一三年二月一〇日に頂点に達した民衆の街頭行動も、二月二〇日に後継内閣が成立すると、波が引くように終了に向かいます。三月初めに刊行された雑誌『日本及日本人』は、「憲政擁護、藩閥打破にして国民の声ならんか、前日の熱烈激甚かのごとくなりしもの、今日の冷々落々火の消え果てしがごときは何ぞ」と、失望と怒りを表明しています（一三年三月一五日号。発売日は一五日のかなり前です）。

当時も今日も、自発的な民衆の示威運動は、特定の目標に向けて高揚し、勝っても負けてもその目標がなくなれば退潮します。この時の目標は第三次桂内閣の打倒でしたから、二月一一日に桂首相が辞職すると、運動は急速に勢いをなくしました。後を継いだ第一次山本権兵衛内閣も桂内閣と同様に軍閥（海軍閥）の内閣であり、長州閥に薩摩閥が代わっただけの「閥族」の内閣である、というような理屈は、民衆運動には通用しません。薩摩派で海軍系の山本内閣自体が次の標的になる時まで、民衆運動は静かになるのです。

第二点は、よく知られています。陸軍の後退と海軍の前進です。陸軍の師団増設は政党と民衆によって葬られましたが、海軍の方は先に記した第二次西園寺内閣下での建艦計画が手つかずのまま山本権兵衛内閣によって継承されたのです。そればかりでなく、二カ月半の政変時代を終えたばかりの山本内閣は、一九一三年予算でこそ新たな海軍軍拡には手をつけられませんでしたが、翌一四年度予算で、新規の軍艦購入を打ち出してくることは誰の眼にも明らかでした。先にも記したように、ロシアと中国だけを仮想敵として陸軍によって構想された「帝国国防方針」から、中国を落とし、かわりにアメリカを入れ、海軍の大拡張計画を陸軍に認めさせた海軍の山本権兵衛その人が、首相に就任したからです。

第三点は、陸軍が「立憲」に敗れ、さらに海軍にも敗れたことが、近代日本の「帝国」の歴史の中で占める重要さについてです。

山本権兵衛

日露戦争までの日本は、朝鮮を取り、南満州を掌握する大陸帝国をめざしてきました。海軍はこの目標に忠実に、中国海軍を破り、ロシア艦隊に勝利してきました。一八七四年の台湾出兵までさかのぼっても、海軍は日本の大陸帝国化の先頭に立ってきたのです。

その間海軍は、台頭する国内の「立憲」運動の攻撃対象になってきました。日清戦争前も日露戦争前も、衆議院の多数党の自由党や政友会は、海軍軍拡に抵抗しました。しかし、一九〇七年の「帝国国防方針」で海軍がアメリカを仮想敵とした時から、政友会は朝にあっても野に下っても、海軍軍拡を支持しつづけます。そして陸軍系の桂太郎の内閣が院内と院外の批判にさらされて退陣したその後を、海軍出身の山本権兵衛が継ぎ、政友会はその与党となり、民衆運動は鎮静化したのです。単に陸軍の師団増設が否定されただけではなく、それがめざす大陸帝国も、国民の支持を失いました。一九一三年二月の山本権兵衛内閣の成立は、それを象徴するものだったのです。

山本海軍内閣の積極政策

海軍と政友会に支えられた第一次山本内閣は、就任一年弱のちの一九一四（大正三）年一月に「シーメンス事件」の名で知られる海軍収賄事件が発覚しなかったら、簡単には退陣に追い込まれることはなかったでしょう。

桂内閣が院外民衆に包囲される中で辞職した時、長州系官僚閥と陸軍と桂新党とは、当分の間、政界での発言力を失うことになりました。院外民衆運動の方も、先に記したように、新内閣の成立と時を同じくして退潮していきます。衆議院の内外で「憲政の神様」の名声を博した

（立憲）国民党の犬養毅と政友会少数派の尾崎行雄《ゆきお》は、さすがにすぐには山本内閣の与党にはなりませんでしたが、当分の間は好意的中立の立場をとりました。今や西園寺に代わって過半数政党政友会の第三代総裁となった原敬は、閣外協力ではなく、みずから内務大臣に就任して同党を山本内閣の正式な与党としました。

各党の議席数には変動があったものの、一九一三年一二月に第三一議会が開かれた時には、与党の政友会が三八一議席中の二〇八議席（五五％）、準与党の国民党と中正会あわせて七七議席、野党の立憲同志会（桂新党）九三議席（二五％弱）でした。薩摩系の藩閥と海軍と過半数政党が内閣を支持し、陸軍は政治的発言力を失い、野党の立憲同志会は四分の一弱の議席を持つだけだったのです。

山本内閣は、大胆な行政整理を断行して、前には陸軍横暴の口火を切った都市商工業者の支持も得ていました。組閣の四カ月のちに同内閣が断行した、高等官八〇〇人強、判任官四五〇〇人弱の削減を都市商工業者が歓迎したのです。今日の言葉でいえば、キャリアとノン・キャリアの削減であり、それによって営業税の軽減を約束したのです。七月下旬に東京商業会議所は山本首相以下の閣僚を午餐会に招待し、会頭の中野武営が次のような挨拶を行いました。

「山本内閣総理大臣閣下をはじめ来賓閣下、ここにわが東京商業会議所議員は満腔の熱裏を捧げて歓迎の誠意を表さんとす。（中略）いずれの内閣にありても〔行政〕整理の必要はこれを認め、これを口にすれども、これを実行するに至って遂に果す能《あた》わざりしは、われわれの常に恨事として捨ておく能わざるところなりし。しかるに閣下は内閣組織以来、行政財政を整理し、断乎としてこれを実施せられたるは、われわれの頗《すこぶ》る痛快を感ずるところにして、内閣諸公の功労を多として敬意を表せざるを得ず。」（『東京商業会議所月報』第六巻八号）

ここでは、東京商業会議所は、山本内閣の大胆な行政整理の断行を讃えているにすぎません。しかし、現役の海軍大将を首相に戴く同内閣が海軍の軍拡をめざしていることは、誰の眼にも明らかでした。約八カ月前に陸軍の師団増設を公然と批判した同会議所も、海軍の軍艦増設要求の方は容認するつもりだったと見ていいでしょう。

衆議院の過半数政党と全国の商業会議所の支持を得た山本内閣は、海軍の要求をほぼ充たそうとしていました。陸軍に倒される前の第二次西園寺内閣の下ですでに承認されていた戦艦三隻分の九〇〇〇万円に加えて、山本内閣は第二期拡充計画として新たに七〇〇〇万円の継続費を閣議で了承させたのです。

行政整理で浮かした財源で営業税を軽減し、海軍の第二期建艦計画を実現する以上、与党政友会の総裁が内務大臣として要求するいわゆる積極政策、つまりは港湾修築と鉄道の拡充は大前提でした。内務省予算の中で処理できる港湾修築費のほかに、外債募集による三〇〇〇万円の鉄道拡張費を、政友会と内務省は内閣に認めさせたのです。

商工業者向けの営業税軽減は行政整理で捻出しても、海軍軍拡と鉄道拡張は、ともに外債で支弁するしかありません。このような一見無謀に思われる財政政策は、日銀出身ながら原敬以上の積極主義者で、日露戦争時の外債募集で活躍した、大蔵大臣高橋是清に支えられたものでした。のちに改めて記しますが、一九一八年に成立する原敬内閣の下で同じく蔵相を務めた高橋是清が、陸軍がめざす大陸帝国に正面から反対したことも、海主陸従の山本内閣と高橋との関係を理解する一助となるでしょう。

シーメンス事件

陸軍と桂新党が沈黙を強いられる中で、海軍と過半数与党と商業会議所に支持された山本内閣に付け入る隙は見えませんでした。第三一議会は総計一億六〇〇〇万円の海軍軍拡計画と約三〇〇〇万円の外債による鉄道拡充計画と営業税の三割減（これは最後の段階で閣議で否決され、商工業者は内閣反対に転じます）とを承認して、無事に閉会するものと思われていました。

しかし、一九一四（大正三）年一月二二日に東京の新聞が一報を掲載した海軍収賄事件で、すべてが一変します。

詳細はともかく、多くの方は「シーメンス事件」という言葉は覚えているでしょう。ただ、言葉の知名度のわりには、この事件の内容は整理されていません。しかし、この事件のもたらしたものは、単なる山本内閣の退陣だけではありません。また、海軍拡張計画の挫折だけでもありませんでした。陸軍の二個師団増設に続いて海軍の大拡張計画も頓挫したことは、一九〇七（明治四〇）年に策定された、ロシア、アメリカ、ドイツ、フランス四国（実際はロシア、中国、アメリカ三国）を仮想敵とする「帝国国防方針」自体の挫折を意味する重大事態だったのです。それゆえ、ここでは事件の概容をやや詳しく記しておきましょう。

ドイツのシーメンス＝シュッケルト社の社員リヒテルが同社の東京支社を辞める際に重要書類を持ち出し、それをロイター通信のプーレイに七五〇円で売りました。その中に同社が日本海軍に軍艦を売った際にリベート（当時はコミッションと呼ばれていました）を渡していたことを記す書類がありました。プーレイはシーメンス東京支社の支店長ヘルマンを脅して、五万円で売りつけます。ヘルマンはこの五万円の支払いを日本海軍に求めますが、海軍省は拒絶したようです。

日本の各紙が事件の第一報を載せた翌日（一月二三日）の日記に、時の海軍次官財部彪《たからべたけし》は、「昨年十一月、ヘルマンの来たりたるとき、海軍が強硬な態度を以って臨みたるは、大いに事宜に適せることを感じたり」と記しています（『財部彪日記・海軍次官時代』下巻）。シーメンス事件の第一報には、全く動じていません。逆に、同社東京支店長の要請をはねつけたことに胸を張っているのです。

シーメンスの東京支店長のヘルマンが日本の海軍省に援助を求めた時（彼がロイター記者に五万円を払った前なのか後なのかは分かりませんが）、彼は日本海軍がシーメンス社からリベートを受け取っていたことを告げたものと思われます。その要請を海軍次官が断ったのは、財部が事実無根と信じていたことを示唆しています。さらに注目すべきは、財部が海軍艦政本部長の松本和《やわら》と相談して、シーメンスのドイツ本社にヘルマンの不当な要請について抗議することを決めていた点です。前年末にヘルマンからの何らかの要求を断った後の日記（一一月二七日）に、財部は次のように記しています。

「予は松本〔和〕中将、内田〔重成司法〕局長と相談、ヘルマンの不都合を非公式にシーメンス・シュッケルト本社へ通ずべき歟とのことに決す。」（同前書、下巻。なお、「歟」は単に語勢を強めるためのもので、無視してかまいません）

財部彪

よく知られているように、いわゆる「シーメンス事件」が大事にいたったのは、ここで財部とともにヘルマンの件でシーメンス本社に抗議した松本和自身の三井物産からの四〇万円にもおよぶ収賄が発覚したためでした。贈賄先は国内の三井物産で、軍艦の購入先もシーメンス社とは関係のないイギリスのヴィッカース社からであり、また四年も前のことなので、大丈夫だと高をくくっていたのでしょう。近年の汚職事件にも、よくあるケースです。

しかし、一九一四年二月一八日にその松本和が家宅捜索を受けた時、山本内閣も海軍も万事休したはずです。松本は前年末に艦政本部長から呉《くれ》鎮守府司令長官に転任していましたが、現役の海軍中将で、金額も、七五〇円とか五万円とかとは桁が違い、四〇万円です。それでも過半数政党政友会に支えられた山本内閣は、何とか窮地を脱しようとしていました。内務大臣で政友会の事実上の総裁の原敬が、単に家宅捜索だけの段階で海軍大臣が辞職する必要はない、と主張したからです。

政友会の事実上の総裁として衆議院の過半数を握る原敬は、二月一〇日の衆議院で野党提出の内閣弾劾決議案を大差で否決します。内務大臣としては、海軍汚職に憤る三万とも一〇万とも伝えられる院外民衆を、警察力で蹴散らしました。二日後の二月一二日に山本内閣は、総額一億六〇〇〇万円にのぼる海軍軍拡を含む一九一四年度予算案を衆議院で成立させました。民衆運動の規模はちょうど一年前の二月一〇日のそれに匹敵するものでしたが、当時は桂内閣不信任決議案に賛成した過半数政党政友会が今回は与党として反対にまわったため、院内と院外の力がひとつにならなかったのです。

貴族院の報復

海軍収賄事件の最中に海軍大拡張予算を成立させるという内閣と与党の強権的な行動の前に立ちふさがったのは、貴族院です。戦後の現憲法と違って、戦前の大日本帝国憲法の下では、衆議院と貴族院は対等の権限を持っていました。しかし、こと予算案に関しては、一応衆議院の議決が優先されてきました。条文上では、「予算ハ前ニ衆議院ニ提出スヘシ」(第六五条)とあるだけですが、藩閥政府も貴衆両院も、この規定が、国民生活に重大な関係を持つ予算案の決定については、衆議院の院議を優先することを定めたものと理解してきたのです。

しかし、言論界や民衆的示威運動の意向が多数党の与党の力で衆議院には全く届かないことを知らされたとき、民意は明治憲法のもうひとつの条文に注目しました。「国家ノ歳出歳入ハ毎年予算ヲ以テ帝国議会ノ協賛ヲ経ヘシ」(第六四条)がそれです。衆議院を通過しても、貴族院が反対すれば予算案は「帝国議会」で承認されたことにはならないのです。

公・侯・伯・子・男爵から選ばれる有爵議員と、官僚としての務めを終わった勅選議員とからなる貴族院は、長い間、藩閥政府に忠誠を尽くしてきました。有爵議員とは以前の公卿と大名の後継者であり、勅選議員が官僚出身者である以上、これは当然のことでした。なかでも、貴族院の中枢を握る子爵議員（一〇万石未満一万石以上の大名の後継ぎ）と勅選議員とは、長州官僚閥の大御所だった山県有朋と桂太郎の統率下にありました。先にも紹介したように、徳富蘇峰の『大正政局史論』は、日露戦争後の政治的安定は、桂が首相の時は西園寺が政友会を率いて衆議院でこれを支え、西園寺が首相の時は桂が貴族院を率いてこれを助けることで成立してきた、と明記しています。

ところが陸軍二個師団増設問題を機に桂と政友会とが正面衝突し、政友会が陸軍と長州閥を捨てて薩摩閥と海軍と手を結ぶと、貴族院には忠誠を尽くす相手がいなくなりました。桂太郎も陸軍も、政界の表面から一旦は身を引かざるをえなかったからです。

そのような貴族院にとって、海軍収賄事件と与党政友会による予算案の衆議院での強引な可決とは、絶好の報復の機会でした。しかも、言論界と民衆運動は、貴族院による予算案の否決に期待するようになっていました。貴族院の勅選議員の指導者であった田健治郎《でんけんじろう》は、二月一〇日の衆議院における野党提出の内閣弾劾決議案の否決の当日から、早くも貴族院への期待が民衆の間に拡がっていたことを、その日の日記に記しています。

「この日、下院の同志会、中正会、および国民党の三野党は弾劾決議案を提出し、院外有志者は国民大会を日比谷公園に開いてこれを声援す。朝来、議事堂附近の群集数万、殺気衝突の勢あり。〔弾劾案が政友会によって否決される頃までには〕院外群集大いに加わり、約十万の大衆衆議院を包囲して真に立錐の地なし。在野党議員は意気揚々と群集の喝采を受けて漸次退散せり。ただ、閣臣および政友会議員は院門を出る能わず。われら上院議員は特に守衛をして貴族院議員と大書した竹牌を捧げ持たせて前進し、以て群民の錯認を避けて事なきを得て退散して帰家す。」(「田健治郎日記」写本)

田健治郎

二月一〇日の内閣弾劾決議案をめぐる内閣、与党、野党、院外民衆の攻防を現場にいた貴族院議員がその日の日記に記したものだけに、臨場感があります。内閣弾劾案を衆議院で否決されたのにもかかわらず、野党議員も院外民衆も敗北感に打ちひしがれているようには見えません。そして、閣僚と政友会員が群集に包囲されて議事堂から出られないのに、貴族院議員と書かれた竹牌を守衛に持たせた田健治郎らの一行に、群集は野党議員と同じように道を開けたのです。

海軍内閣と政友会の共倒れ

この傾向は二月一二日の衆議院で数を頼んだ政友会が、海軍の総額一億六〇〇〇万円の継続軍事費（すでに野党も承認済みの九〇〇〇万円と野党が反対した七〇〇〇万円）を含む一九一四年度予算案を承認すると、一層顕著になってきました。先に記したような貴族院の予算審議権に、言論界や民衆がはっきりと期待しはじめたのです。予算案が衆議院から貴族院にまわってきてから約二週間後、貴族院の実権を握る子爵団と勅選議員団（研究会と幸倶楽部）の幹事会は、新規の七〇〇〇万円は貴族院で否決することを決めました。その日（二月二八日）の日記に、先の田健治郎は次のように記しています。

「海軍瀆職《とくしょく》〔汚職〕事件の突発するや、政海の風雲俄然激昂《がぜんげっこう》をきわめ、都下の一大騒擾《そうじょう》となり、下院の大混乱となり、新聞各社の一大連合となり、人心は惶惑《こうわく》し国論は沸騰してきわむるところを知らず。ただ首《こうべ》をのべ、上院の態度いかんを仰ぎ望むのみ。」（同前）

民衆運動と言論界と貴族院とが一つとなって山本内閣と政友会に立ち向かったのです。こうして三月一三日の貴族院本会議は、二四〇対四四の大差で、衆議院通過の予算案のうち新規の海軍拡張費七〇〇〇万円を削減して予算審議を終了しました。衆議院における同志会、国民党、中正会の野党三党の修正案と同じものが、貴族院の院議となったのです。

今日の憲法下でも、予算案に関して衆議院と参議院の院議が異なった場合には両院協議会が開かれますが、そこでも意見が一致しない場合には、衆議院の議決が国会の議決になります。しかし、一般の法律案のように衆議院の三分の二以上による再議決は、予算案のときには不要です。しかし、戦前の明治憲法の下では、先議権を除けば貴衆両院の予算審議権は対等でした。今日の場合と同様に貴衆両院の院議が異なる場合には両院協議会が開かれますが、その決定は再度両院の本会議に諮られるのです。

山本首相や海軍関係者は、両院協議会で衆議院側が譲歩して七〇〇〇万円の削減は受け容れて、残りの九〇〇〇万円の拡張費だけは守ってほしいと願っていました。しかし、政友会を代表する原敬は、予算不成立になっても、予算案をめぐる衆議院の院議優先の慣行の方を守ろうと決意していました。

貴衆両院から同数の委員を出す両院協議会は、衆議院の院議を重んじる慣行からか、委員長は貴族院から出すことになっていました。貴族院側が一名少ないのです。ここで衆議院が自らの院議にこだわれば、両院協議会は七〇〇〇万円の新規の拡張費をも含む衆議院案を決めることになりますが、その代わりに、両院協議会の決定が再び両院の本会議で採決されることになります。

はたして、その通りになりました。衆議院本会議は一億六〇〇〇万円の原案を再可決しますが、三月二三日の貴族院本会議は両院協議会の決定を否決しました。両院本会議の最終決定が異なるため、一九一四年度予算自体が不成立になります。前年度予算が施行される結果（憲法第七一条）、第二次西園寺内閣の時に内閣レベルではすでに承認済みであった戦艦三隻分九〇〇〇万円の継続費も含めて、一億六〇〇〇万円の海軍拡張費が姿を消してしまったのです。

翌三月二四日、山本内閣は総辞職しました。

第8章　対華二十一カ条要求——内に立憲、外に帝国

吉野作造の登場

本書を一貫する筆者の視点は、「立憲」が強い時には「帝国」は抑制され、「帝国」が強い時には「立憲」が息をひそめる、というものです。「内に立憲、外に帝国」のような両者の併存を意味する言葉で日本近代史を理解するのは間違っている、というものです。しかし、「大正政変」の終了後に登場した第二次大隈重信内閣（一九一四年四月—一六年一〇月）下での内政と外交だけは、例外です。

この内閣は、すでに記した「大正政変」の成果を吸収したもので、いわば「立憲」を体制化したものでした。日露戦争後の支配体制が軍閥・官僚閥と万年与党の政友会との協調体制だっ

たとすれば、その政友会に民衆の矛先が向かったシーメンス事件は「大正政変」の完成だったと言うことができるでしょう。

代わって登場した第二次大隈内閣は、加藤高明の立憲同志会、犬養毅の立憲国民党、尾崎行雄の中正会を与党もしくは準与党とする、いわゆる「非政友三派」の内閣です。政友会は結党以降初めて完全野党の立場

大隈重信

に立たされました。一八七五（明治八）年の「立憲政体樹立の詔勅」以来続いてきた、藩閥と政党の対立と協調の体制に代わって、政党と政党が政権をめぐって競合する二大政党制時代が到来したかに見えたのです。

ただし、当時の選挙法での有権者約一五〇万人の大半が農村地主で、政友会の「積極政策」の支持者であった以上、大隈内閣与党の「非政友三派」が政友会に恒常的に拮抗するためには、選挙権を拡大して都市部の商工業者や民衆の票を獲得する以外に、途はありません。このことを明確な形で主張したのは、欧米帰りの東京帝大教授の吉野作造でした。第二次大隈内閣の成立直後に、雑誌『太陽』で発表した吉野の「山本内閣の倒壊と大隈内閣の成立」という論文は、眼の前で進行する政権交代を、政治学者がより長い視点から分析した、稀に見る論文です。

吉野はまず、自身が西欧で見てきた政党政治（一九一〇―一三年）と日本のそれとの違いを、次のように指摘します。

「日本の政党は従来から、政権を掌握することによって初めてその党勢の拡張も出来るので、この点は西欧先進国の政党とは正反対である。彼にあっては、党勢を民間に張ることによって始めて政権を掌握することが出来る。（中略）しかるにわが国の政党を見るに、その議会に多数を占むるということは、政権の掌握もしくは政権掌握の希望によって辛うじてこれを維持しておるのである。されば、日本においては政権に離れるということは、直ちに党勢の衰微を意味する。〔だから〕たとえ馬鹿といわれ阿呆と罵られても、政権には離れまいとする。」（『現代の政治』六二―六三頁）

欧米が良くて日本は駄目という議論に、筆者は長い間反発して、戦前日本においてもデモクラシーが発達していたことを強調してきました。しかし、近年の日本の政治を見ていると、あるいは吉野作造の言う通りなのかもしれないと思えてきます。A党の政権が駄目になったら、野党のB党に政権担当の用意ができており、そのB党の政権が行き詰まったら、A党に政権復帰の準備ができているというのでなければ、二大政党制は機能しません。野党になることが

「直ちに党勢の衰微を意味」したり、それゆえに何と罵られようと「政権には離れまいとする」ようでは、政党政治は発達しないのです。

普通選挙制導入論

このような観点から吉野は、第一に「非政友三派」の結束の強化を訴えました。政友会の一党支配を恒常的に否定するためには、対抗勢力の結束が不可欠です。当然それは一つの政党に発展すべきであるが、当面は何よりも三派の結束強化が必要である、と説いたのです。

吉野の第二点は普通選挙制の導入です。注目すべきことは、ここでは吉野が、それをデモクラシーの原理から唱えるのではなく、「非政友三派」の党勢拡張の必要から説いている点でしょう。「非政友三派」が結束を固めるだけでは政友会と覇を競う政党にはなれない。党勢の拡張が必要である。しかもこの党勢は半ば恒常的なものでなければならない。ひと言でいえば、「非政友三派」独自の「地盤」を造りあげなければ、政友会と恒常的に覇を競う勢力にはなれない、と吉野は主張したのです。

当時の有権者数は、わずか一五〇万人前後であり、その過半は政友会の「地盤」となっていました。その政友会に対抗しようとする新政党（非政友三派）は、この約一五〇万人の外に独自の地盤を作らなければなりません。普通選挙制を導入すれば有権者総数は一二〇〇万を超えます。そこに新党の地盤を築き上げるべきだというのが、吉野のこの時（一九一四年五月）の普選論だったのです。

それから二年五カ月後の一九一六（大正五）年一〇月に、多少の出入りはありましたが、「非政友三派」は加藤高明を総裁とする憲政会に結集します。その加藤を首相とする内閣（一九二四―二五年）の下で、一九二五年五月に男子普通選挙制が成立しました。いま紹介している論文を吉野が発表してから一一年のちのことです。その先見の明を讃えるために、一九一四年五月の吉野の普通選挙導入論を、彼自身の言葉で紹介しておきましょう。

吉野作造

「第二は、この際大いに奮発して、もっと有力なる勢力となって欲しいことである。三派合同してなお一政友会に当るに足らずとあっては、政党内閣の存続の上に、はなはだ心細い。もちろん今日の勢を以って議会を解散したならば、少なからず政友会の勢力を動揺せしむることが出来よう。しかしながら、一挙に政友会の過半数党たる地位を破り得るや否やは、必ずしも断言は出来ない。（中略）この点から余は新らしき政府党に向って、政友会と異なれる地盤に立脚地を開拓せんことを勧告したい。換言すれば、この際多数国民の与望せる普通選挙制を断行して、新たに選挙権を得べき者の間にその立場を開拓せんことを勧告したい。選挙法を今日の儘《まま》に放任して政友会と同一の地盤を争うのでは、おそらく政友会を凌駕することが至難であろう。」（『現代の政治』七八―七九頁）

普通選挙制の導入を唱えるだけあって、吉野のこの論文は今日の私たちにもそのまま分かるような平易な文章で書かれています。引用文は、旧字・旧かな遣いを改めた以外は、ほぼ原文通りです。

この平易な文章で吉野が説いた内容も、同じく今日の私たちにそのまま理解できます。過半数政党に対抗するには、それなりの「地盤」が必要であり、一時期の人気だけでは駄目なのです。「地盤」という視点から普通選挙制の必要を説く吉野のこの論文には、今日の私たちにも共感を呼ぶものがあります。今日の私たちには選挙権の拡大という手は残されていませんが、毎回の低投票率を見れば、野党が新たに築くべき「地盤」がどこにあるかは、言うまでもないでしょう。

「立憲」の頂点

以上のような吉野作造の同時代的評論に明らかなように、第二次大隈内閣は、たとえ期待のレベルだけであっても、明治維新以来四十数年の「立憲」の発達の歴史の中で、その頂点に立つものでした。

本書が「立憲」の始点としたのは一八七五（明治八）年四月の「立憲政体樹立の詔勅」ですが、その時には時期を明らかにせず、ただ漸次に立憲制に移行すると天皇の名で約束したにすぎませんでした。次の一八八一年一〇月の「国会開設の詔勅」は、やはり、その「漸次」とは一八九〇年のことであると再度天皇の名で明言したものにすぎません。その一八九〇年に約束どおり議会は開かれましたが、内閣は政党員を一人も含まない、政党外に「超然」とした内閣でした。有権者は五〇万人前後にすぎませんでした。

それから二四年後の一九一四（大正三）年に、政友会に代わって「非政友三派」が政権につき、欧米帰りの政治学者がこの内閣に普通選挙制の導入を提言するまでになったのです。ちなみに、男子に限っても普通選挙制となれば有権者はこの時の約一五〇万人から八倍の約一二〇〇万人になり、政治世界は一挙に民主化されます。

「立憲」から「帝国」への転換

しかし、第二次大隈内閣に期待していたのは、吉野作造のような民主主義者だけではありません。第二次西園寺内閣と山本内閣の下で与党政友会に二度にわたって師団増設を拒絶された陸軍も、この内閣による政友会退治に期待を寄せていました。陸軍の二個師団増設が中国領土の南満州の権益強化のためであり、その背後に一九一三（大正一二）年危機があったことは、すでに記したとおりです。言い換えれば、「帝国」の方も大隈内閣に強く期待していたのです。

陸軍の大隈への接近は、山本内閣の全盛期からすでに始まっていました。これまでにもたびたび名前を挙げてきた田中義一（少将、歩兵第二旅団長）は、一九一三年七月に山県有朋に次ぐ陸軍の大御所寺内正毅に送った手紙の中で、大要次のように論じています。

「今日のごとく政友会をして横暴を極めさせるは、無論許すべからざることである。〔万一桂太郎公逝去の場合に〕新政党の分裂を防止することは勿論、逆に益々発展させる必要があることは、何人にも異論がないと思われます（政党が世の中にある以上）。よって小生は、一時過渡時代の便法として大隈を新政党の総裁たらしめて、非政友各派が各自寛大なる交譲的態度を持って、昔の大同団結的のように収容所を設けて国民党をも吸収するほかに策はあるまいと思っております。」(「寺内正毅関係文書」三二五の一六、七月一五日付)

政友会だけではなく桂新党にも批判的だった国民党の犬養毅と中正会の尾崎行雄は、三一年前(一八八二年)に大隈重信が立憲改進党を結成した時にその下に馳せ参じて以来、大隈とは師弟関係にありました。その大隈を新政党(立憲同志会)の総裁にもってきて、非政友三派をその傘下に収めようというのです。この点では、陸軍の田中義一は先に見た吉野作造の非政友三派合同論の先駆者だったと言えるでしょう。

田中義一

しかし、吉野の二大政党論が普通選挙論と結びついていたのとは違って、田中のそれは陸軍二個師団増設論とセットになっていました。そして朝鮮に駐屯させる二個師団の増設の目的は、すでに記したように満蒙権益の強化にありました。吉野の二大政党論が「立憲」の発達をめざすものだったとすれば、陸軍のそれは「帝国」の発展を意図したものだったのです。

第一次世界大戦と対華二十一カ条要求

ヨーロッパ諸国がロシア・フランス・イギリスの三国協商とドイツ・オーストリア・イタリアの三国同盟との陣営に分かれて文字通りの世界大戦に突入すると（一九一四年七・八月）、大隈内閣は「立憲」ではなく「帝国」の方に大きく舵を切りました。いうまでもなく、一九一五（大正四）年一月の対華二十一カ条要求がそれです。

実際に締結されたのは、山東省に関する条約四カ条と南満州および東部内蒙古に関する条約九カ条の合計一三カ条で、その他は日本の駐中公使と中国外交総長との間で取りかわされた交換公文という形で結ばれました。しかし、一月一八日に中国政府に手渡された日本政府の要求は、確かに二一カ条あったのです。

中国側がこの条約を、当初の「二十一カ条要求」の名で呼びつづけたことは、当然でしょう。二一もの利権や内政干渉の要求を無理矢理に日本に呑まされたことを強調するためです。しかし、日本の側でも当時からこの条約を「二十一カ条要求」と呼んでいました。なかでも、先にみたように当時の日本にあってはもっとも急進的な「立憲」論者であった吉野作造は、要求を細かく「二十一カ条」に分けたことを、肯定的に評価していました。条約調印直後の一九一五年六月の『中央公論』誌上で、彼は次のように論じています。

「支那人は、もとより個条が多ければ余計義務を負うかのごとくに考えて、これを歓迎しないというは事実である。けれども、大綱を掲げるに止めて後害をのこすよりは、初め面倒でも細かく条目を分けて詳らかに説明し、何処までも十分に納得をさせるという方法を取るのが、終局の利益である。」(『現代の政治』二三六頁)

この論点を補強するために吉野は、この九年前に中国の要人袁世凱の長男の家庭教師として訪中した時の個人的体験を、次のように記しています。

「現に予が袁世凱氏の招きを受けて天津に赴き雇用契約を締結するにあたり、細目の事は紳士間の相互の好誼《こうぎ》に一任すべきものとなし、文書には大綱を掲ぐるに止めたのであったが、そのために予はどれだけ不便と不利益とを受けたか分らない。文書を作らなければよし。作る以上は出来るだけ細かくきめなければならぬということは、その時つくづく感じたのである。」(同前書、同頁)

吉野個人の失敗談と二十一ヵ条要求とを同一に論じられたのでは中国国民はたまったものではないでしょう。どうも吉野は、中国人を相手にする時には細目まで文書で取り決めなければならないと思っていたようです。吉野のこの論文のタイトルは「対支外交の批判」でしたが、その批判には二十一ヵ条要求自体は含まれていませんでした。

中国の軽視、アメリカの軽視

二十一ヵ条要求の最大の問題点は、日露戦争直後の「帝国国防方針」における「中国仮想敵」論を忘れてしまった点にあります。あの時は、ロシアから譲り受けた南満州権益を、その返還期限の一九二三（大正一二）年以後にも守るために、中国をロシアに次ぐ「仮想敵」と位置づけたのでした。それならば、二一ヵ条ではなく、七ヵ条要求で十分だったはずです。つまり、「両締約国は、旅順大連租借期限、並びに南満州及び安奉両鉄道の各期限を何れも更に九十九ヵ年づつ延長すべきことを約す」（第一条）から始まる第二号の七ヵ条です。本当をいえば、この第二号第一条だけあれば一九二三年の返還期限問題をクリアできるので、日本にとっては御の字だったはずです。

しかし、田中義一に代わって大隈内閣を支えた明石《あかし》元二郎《もとじろう》参謀次長は、中国をもはや「仮想敵」とはみなしていませんでした。大戦勃発後に欧米列強が日中関係に介入する余力のなくなったことの方を重視したのです。

満蒙権益の九九年間延長だけではなく、第一次世界大戦に加わって新たにドイツから奪った山東省権益を加え、さらに悪名高い第五号の内政干渉条項まで加えた二十一カ条要求に、中国の官民が猛反発することは、明石にも分かっていました。日本政府が要求を中国に突きつけてから三週間も経たない一九一五年二月三日に、明石は朝鮮総督の寺内正毅に送った手紙の中で、第一に中国の言論界の論調が「矯激に向いつつある」こと、また、この趨勢は今後さらに激化するであろうことを指摘しています。また明石は、中国政府はこの窮地を何とか切り抜けて、「欧州平和回復の日を待って、むしろ逆襲に転ずる」つもりであることも見通していました（「寺内正毅関係文書」六の四四）。

明石元二郎

しかしその彼が二十一カ条要求の断行の決意を陸軍のトップに伝えた根拠は、ヨーロッパ列強の態度にありました。そして明石のこの判断には外務省も同意していました。この手紙の中で明石は次のように論じています。

「露は異議なきのみならず、むしろこの件につき厚意を表すべく、（中略）英は何ら反対すべき理由なしとは、外務側の観察に候。米は言うに足らざる事は、何人も首肯するところにこれあり候。」

日本の南満州権益が強化されれば、ロシアの北満権益も間接的に安定化します。日本以上に中国の要所に特殊権益を持っているイギリスには、日本の満州権益の強化に反対する理由がありません。第一次世界大戦以前のアメリカは国際政治の主役ではなかったし、そもそもアメリカは特殊権益というものを中国に持っていませんでした。第一次大戦前の「帝国主義外交」を前提にすれば、ここで明石参謀次長が主張していることに、一理ないわけではありません。

しかし、第一次世界大戦の勃発以来、従来の世界秩序は大きく動揺していました。たしかにこの手紙が書かれた一九一五年二月の時点で一七年一一月のロシア革命を予測することは不可能だったでしょう。また、民族自決をうたった一八年一月のアメリカ大統領ウィルソンの平和原則十四カ条を具体的に予想することも、不可能だったに違いありません。

しかし、世界大戦後も日英同盟と日露協商で日本の満蒙権益は守れる、さらに両国の了解を得られれば、その権益をさらに拡大しても大丈夫だというのなら、何のための「中国仮想敵」論だったのでしょうか。また、ヨーロッパ諸国が英露と独に分かれて総力戦を戦っている最中に、新興の強大国アメリカを「言うに足らざる事」と片付けてしまうのは、あまりにも先見の明がなさすぎます。

さらに、日中関係の将来を考えれば、二十一カ条要求に対する中国国民の反感が強く、しかも「この趨勢は今後なお昂上」することを見通しながら、それを歯牙にもかけずに強行する明石の姿は、本書で繰り返し指摘してきた「中国軽視」の伝統そのものではないでしょうか。陸軍卿の時も、参謀総長・元老としても一貫して、中国強し、中国侮るべからずと主張してきた山県有朋は、むしろ例外的存在だったのでしょうか。

アメリカの軽視と中国の軽視の代償を、日本は第一次世界大戦の終了後に支払うことになります。

奇妙な政党――平和と民主主義の分裂

明治時代から大正初年の憲政擁護運動にいたるまでの日本の政党は、「帝国」化に正面から反対したとまでは言えないまでも、それを積極的に追求したことはありません。しかし、民主主義者吉野作造が期待した非政友三派の大隈内閣は、外交ではすでに記した二十一カ条要求を中国に突きつけ、内政では憲政擁護運動の攻撃目標であった陸軍の二個師団増設を容認しました。

すでに記したように、憲政擁護運動の発端は陸軍が二個師団増設を強要して政友会内閣を総辞職させたことにありました。その師団増設を含んだ予算案を提出されれば、いくら第一次世界大戦の勃発で世論が軍拡に肯定的になっていたとしても、政友会としては反対しないわけにはいきませんでした。野党になったとはいえ、予算案提出の時までは過半数を握っていた政友会が反対すれば、予算は不成立となる代わりに議会は解散されます。同党としては一九〇〇（明治三三）年の結党以来、初めて野党として総選挙を迎えることになったのです（一九一四年一二月解散、一五年三月総選挙）。

総選挙の結果、政友会は解散当日の一八四議席（予算案の否決の当日に一八名の離党者が出た）から一〇四議席へと、一挙に八〇議席も失いました。政友会総裁だった原敬は、「我党約十年の過半数はこれにて大敗に帰せり」と、総選挙の結果が分かった三月二六日の日記に記しています。

本書の観点から見て重要なのは、一二月二五日の解散と三月二五日の総選挙の間に、先に見た二十一カ条要求が中国に突きつけられたことです。明治憲法第一三条には、「天皇ハ戦ヲ宣シ和ヲ講シ、及諸般ノ条約ヲ締結ス」と定められていました。このように、開戦・講和・条約締結を行う外交大権は議会には付与されていないとはいえ、もし日本国民が二十一カ条要求に反対だったならば、大隈内閣与党三派（同志会、無所属団、中正会）が三八一議席中の二四四議席も獲得することはなかったでしょう。のちに加藤高明を総裁として憲政会に統一される（一九一六年一〇月）非政友三党も、それに投票した約六八万人の有権者（有効投票約一四二万人）も、外には対華二十一カ条要求、内には陸軍の二個師団増設に賛成したことになります。「立憲」と「帝国」をともに掲げる奇妙な政党を、有権者の過半数が支持したのです。

この奇妙な非政友三派は、一九一六（大正五）年一〇月に憲政会に統一されて以後も、外には二十一カ条要求の擁護、内には普通選挙制の導入を唱えつづけました。その憲政会が「外に帝国」を放棄するのは一九二四年六月の護憲三派内閣の成立の時です。第一次世界大戦の終了から五年半ののちのことでした。

加藤高明

第Ⅲ部で検討するように、第一次世界大戦終了後の世界秩序は、中国の主権と領土の保全をうたったワシントン九カ国条約（一九二二年二月）に代表されるように、「帝国」化を否定するものでした。同時にそれぞれの国内においては、民主主義の範囲をさらに広げて、社会主義と社会民主主義がその魅力を競い合う時代でした。

その中にあって、日本だけが「帝国」の否定にもいたらず、普通選挙制という大戦後の民主主義の最低水準にすらとどかなかったのです。大戦終了前に与党に返り咲いた政友会は、「帝国」化を否定する世界新秩序の方は積極的に受け容れながら、日本の国内政治では普通選挙制の導入を拒否しつづけていました。反対に、野党になった憲政会は、対華二十一ヵ条要求を大戦後の世界でも擁護しつづけた半面で、国内政治に関しては、(男性だけに限った話ですが)普通選挙制の導入を主張しつづけます。「平和」と「民主主義」が完全に分裂した状態の下で始まった第一次大戦後の日本政治は、この歪みを克服しきれないまま、第Ⅲ部で検討するような悲劇的な結末を迎えます。

III

「帝国」と「立憲」の終焉——1918〜1937年

●第Ⅲ部関連年表

年代		出来事
1918	大正 7	シベリア出兵。原内閣成立
1919	大正 8	三・一独立運動。五・四運動。ヴェルサイユ条約。選挙法改正（直接国税 3 円以上）
1920	大正 9	国際連盟成立・加入。戦後恐慌始まる。東京普選大示威運動。第14回総選挙（政友会絶対多数）
1921	大正10	原敬、東京駅にて暗殺さる。ワシントン会議（～22）で四カ国条約に調印。
1922	大正11	九カ国条約・海軍軍縮条約。山東半島租借権の中国への返還（山東懸案解決条約）
1924	大正13	政友会分裂、政友本党結成（床次竹二郎）。第 2 次憲政擁護運動。護憲三派内閣（憲政会・政友会・革新倶楽部）成る。幣原外交（協調外交）の推進
1925	大正14	日ソ基本条約。治安維持法。普通選挙法
1926	大正15	蔣介石、北伐開始（～28）。大正天皇逝去
1927	昭和 2	金融恐慌。田中義一政友会内閣成る（「田中外交」）。東方会議。関東軍、山東出兵（～28）。憲政会、政友本党と合同し立憲民政党結成
1928	昭和 3	普通選挙実施。三・一五事件。済南事件。張作霖爆殺事件。パリ不戦条約
1929	昭和 4	世界恐慌。民政党浜口雄幸内閣成る
1930	昭和 5	第 2 回普通選挙（民政党過半数）。ロンドン海軍軍縮条約
1931	昭和 6	満州事変起こる（柳条湖事件）
1932	昭和 7	上海事変。国際連盟リットン調査団。第18回総選挙（少数与党政友会圧勝）。満州国建国。五・一五事件（犬養毅暗殺）。斎藤実「挙国一致内閣」。社会大衆党結成。日満議定書調印
1933	昭和 8	国際連盟脱退。塘沽停戦協定。ドイツ、ナチス政権成立
1934	昭和 9	満州国帝政実施。岡田啓介内閣成る
1935	昭和10	美濃部達吉の天皇機関説問題化。国体明徴声明。陸軍軍務局長永田鉄山刺殺
1936	昭和11	第19回総選挙（民政党圧勝、政友会惨敗、社会大衆党躍進）。二・二六事件（斎藤実・高橋是清ら暗殺）。広田弘毅内閣成る。日独防共協定。ワシントン・ロンドン条約失効
1937	昭和12	割腹問答。宇垣一成内閣流産。林銑十郎内閣成る。第20回総選挙（民政・政友拮抗、社会大衆党躍進）。第 1 次近衛文麿内閣成る。日中戦争起こる（盧溝橋事件）。日独伊防共協定。大本営設置

はじめに――両大戦間期の日本

第Ⅲ部が対象とするのは、二つの世界大戦の間のおよそ二〇年です。この時代の日本における「帝国」と「立憲」の関係を検討します。期間を両大戦間に限ったのは、二度目の世界大戦にあっては、日本はその主役の一人であり、「立憲」を忘れて「帝国」に全力を注いだため、本書のテーマが通用しない時代に入ってしまうからです。

この二〇年余りの間は「昭和史」またはその前史として、比較的によく知られています。しかし、実はこの時期に関する研究の重点は「帝国」の進展に置かれてきました。それに対抗した「立憲」の動向や、両者の関係についてはあまり知られていません。「立憲」の研究は「大正デモクラシー」を中心に行われ、いわゆる「昭和史」の方は、「軍ファシズム」研究に重点が置かれてきたのです。

大正期が「立憲」、昭和期が「帝国」という一般的に抱かれている印象と違って、第Ⅲ部では大正・昭和を一つの時代として扱い、第Ⅰ部、第Ⅱ部と同様に「帝国」と「立憲」の相互関係を見ていきます。

ただ、第Ⅰ部、第Ⅱ部と違って第Ⅲ部の第9章では、この時期全体の帝国と立憲の関係を

「概観」し、第10章ではこの「概観」を裏付けるいくつかの「事例」をやや詳しく分析することにします。なぜこのような叙述方法をとるのかの説明は冒頭では省略し、ただちに「概観」の記述に入っていきましょう。

第9章　概観——二つの世界大戦の間に何が起きたのか

新しい世界秩序

一九一八（大正七）年一一月の第一次世界大戦終了後、世界秩序は大きく変わります。日本に即して見れば、これまで日本の中国政策の決定に際して重要な要素となっていたロシア帝国が革命によって崩壊し、日本がほとんど重視してこなかったアメリカが、イギリスにかわって世界の覇権を握ったのです。民族自決を掲げ、中国の主権と独立の尊重をうたうアメリカが世界秩序の中心に据わったことは、中国国内における利権奪回運動を元気づけました。

このような世界の変化の中で、日本も大戦によって拡大した中国権益を、満蒙権益を除いて、中国に返還しなければならなくなりました。具体的には、一九二一―二二年のワシントン会議を受けて日本は、二十一カ条要求のうち山東省における旧ドイツ権益を返還することを中国に約束します（山東懸案解決条約）。大戦後の日本は、「帝国」化の後退と抑制を迫られたのです。他方、ロシアでの革命の成功と大戦中の国民総動員の結果、欧米諸国も「自由」だけではなく「平等」というものにも配慮しなければならなくなります。戦勝国イギリスにおける労働党の勢力拡大や敗戦国ドイツにおけるワイマール共和国の成立は、この世界的な流れを象徴するものでした。「帝国」と「立憲」の関係を軸に日本近代史を見てきた本書の観点からいえば、大戦後の日本は「帝国」の後退と「立憲」の前進が顕著な時代を迎えたのです。

政友会の大転換

この二つのうち「帝国」の後退の流れは、一九二七―二八（昭和二―三）年を境に変化を見せ始めます。中国の満蒙権益返還要求が強まる中で、日本の一部に、満蒙権益の擁護という守勢の立場を捨てて、逆に満蒙を「領有」してしまおうという勢力が登場してきたのです。しかも中国とは全く別の方面から、「満蒙権益の奪回」の主張を容認しかねない勢力が、「立憲」の側にも現われてきました。一九〇〇（明治三三）年の立党以来一貫して「帝国」に反対してきた政友会が大転換を行ったのです。

政友会が陸軍の一部で唱えられた「満蒙領有」を支持したというのは、言い過ぎでしょう。しかし、一九二五（大正一四）年に陸軍の田中義一を総裁に迎えて以降の政友会は、二十一カ条要求を中国に突きつけた時の日本帝国を懐かしみ、日英同盟時代の日本帝国を範としました。加藤高明時代の憲政会の対英・対中政策を、田中の政友会が引き継いだのです。「満蒙領有」をめざす陸軍中堅が「新帝国」の建設をめざしていたのと対比すれば、田中以降の政友会は「旧帝国」を守ろうとしたのです。

幣原協調外交の敗北——満州事変

このような中で、原敬時代の政友会が行ってきた対米協調と日中関係の改善という新時代の外交を受け継いだのは、加藤高明に代わって憲政会の指導者となった浜口雄幸、幣原喜重郎《しではらきじゅうろう》、若槻礼次郎らでした。

大戦後の世界的潮流の一つであった「デモクラシー」の方は、早くから憲政会によって受け容れられていました。有権者を約三〇〇万に限ろうとした原敬の政友会に対して、加藤高明率いる憲政会は、二五歳以上の男性に限っての話ですが、そのすべてに選挙権を与えることを唱え、一九二五（大正一四）年にそれを実現させます。

二五歳以上の男性の大半は、厳しい現実を前に青年時代の理想を諦めかけているでしょうから、この年齢制限は意外に大きな意味を持っていたかもしれません。しかしそれでも、有権者は原敬内閣時代の約三〇〇万から約一二〇〇万へと一挙に四倍になったのです。これまで本書で使ってきた表現に従えば、憲政会は大戦後の日本で「内に立憲」を代表する存在だったのです。

この憲政会が加藤総裁時代の「外に帝国」路線を放棄して、いわゆる「幣原外交」を採用したとき、戦前日本でも「平和と民主主義」に近い政党が登場したことになります。一九二九(昭和四)年から三一年にかけて、この憲政会の後身立憲民政党(以下「民政党」と略す)が政権を担当した時が、戦前日本における「平和と民主主義」の頂点でした。

しかし、その頂点で民政党内閣は、「旧帝国」派の政友会と、「新帝国」派の陸軍の攻撃にさらされます。一九三〇年にロンドン海軍軍縮条約の調印をめぐって野党政友会に攻撃され、翌三一年九月に満州事変(柳条湖事件)の対応をめぐって、関東軍や陸軍内の右派の攻撃を受けたのです。細かく言えば三一年一二月の若槻礼次郎民政党内閣の退陣は、民政党単独内閣の継続か政友会との連立内閣の結成かをめぐる閣内不一致が原因ですが、より長期的な視点から見れば、「新帝国」派の陸軍と「旧帝国」派の政友会とが、満州事変を機に結束して攻撃を強めた結果でした。二つの「帝国」派が「平和と民主主義」の民政党内閣を崩壊させたのです。それに取って代わったのは、政友会の犬養毅内閣でした。

たしかに二つの「帝国」派の連合は盤石なものではありませんでした。「新帝国」派の一部だったはずの海軍青年将校が、「旧帝国」派の政友会内閣の犬養首相を射殺してしまった五・一五事件（一九三二年五月一五日）が、この連合の不完全さを示しています。

陸軍内右派の荒木貞夫を陸軍大臣に任命した犬養内閣を、のちに二・二六事件（一九三六年二月二六日）を起こすことになる陸軍青年将校や、満州事変を当時すでに起こしていた関東軍は支持していました。その犬養を海軍青年将校らが射殺してしまったのは、彼らにとっても想定外のことでした。その結果、陸軍内右派が描いていた政権奪取計画が頓挫したことは事実です。

満州国の正式承認

しかし、対外政策としての「帝国」の拡大は、民政党内閣の末期から犬養政友会内閣の崩壊までの約八カ月の間に、後戻りができない形で実現しました。一九三一（昭和六）年九月一八日の柳条湖事件の拡大に抵抗した若槻礼次郎の民政党内閣に取って代わった犬養内閣の下で、三二年九月の満州国の正式承認にいたる布石は確実に打たれていたのです。

この満州国の正式承認（日満議定書の調印）は、それ以後の日中関係を決定的に悪化させます。自国の領土である満州に鉄道その他の特殊権益を認めさせられた二十一カ条要求の撤回を求めてきた中国が、その逆に、日本による満蒙の実質的な領有を承認できるわけがありません。一九三一年から翌三二年にかけての時点では、中国の側に一戦を交える準備ができていませんでした。しかし、「満州国」の中国への返還は、二十一カ条撤廃要求にかわる中国官民の一致した目標となり、政府と軍部と共産党は抗日戦争の準備を進めていったのです。

しかし、山県有朋亡き後の日本陸軍には、〝中国侮るべからず〟と信ずる指導者は、もはや存在しませんでした。一九一五（大正四）年の対華二十一カ条要求に際して明石元二郎参謀次長が中国官民の反発を知りながら、ロシアとイギリスの反応だけしか政策決定で考慮しなかったように、満州事変においても、イギリスやフランスなどの国際連盟の動向や、今や新興の強国として英仏両国を凌ぐにいたったアメリカやソ連の対応には注意を払いながら、中国官民の抗日戦準備の動きには、ほとんど留意しなかったのです。一九三七（昭和一二）年七月七日の盧溝橋事件以後の日中全面戦争の中で、日本の陸軍は、長年の中国過小評価の代償を払わされることになります。

ロンドン海軍軍縮条約

「新帝国」と「旧帝国」の連合に、「立憲」の側が抵抗しなかった訳ではありません。男子普通選挙制になって二度目の総選挙（一九三〇年）で、浜口雄幸率いる民政党は、海軍軍縮の必要と中国に対する内政不干渉を訴えて大勝しました。総選挙での「民意」を味方につけた浜口首相が、「統帥権」を盾に反対する加藤寛治《ひろはる》海軍軍令部長（海軍の参謀総長）の抵抗を押し切って、ロンドン海軍軍縮条約を締結したことは、よく知られています。

しかし、その過程で、民政党内閣は、純粋な「統帥権」の「独立」を逆に擁護した形になってしまいました。

浜口雄幸

海軍軍令部が主張したのは、「統帥権」とは単に明治憲法第一一条に定める軍事作戦にとどまらず、「帝国国防方針」のような国防上必要な兵力量の決定（憲法第一二条）までをも含む、ということでした。英米仏伊四国とそれぞれの軍艦保有比率を決める軍縮条約はこの後者の「統帥権」の範囲内のものである、海軍軍令部の意向を無視して大型巡洋艦の保有率対米英七割を守らなかった軍縮条約は無効である、と主張したのです。この軍令部の主張を、「旧帝国」派の野党政友会は支持して、議会で内閣の「統帥権の干犯」を激しく非難しました。

浜口内閣はこの問題で、海軍軍令部を抑え込んで、ロンドン海軍軍縮条約に調印し、枢密院の批准も勝ち取りました。アメリカを仮想敵として軍拡を進める海軍の「帝国」路線は、満蒙から中国本土をめざす陸軍の「新帝国」路線と同じではないものの、浜口内閣は海軍を押さえ込むのには成功したのです。この点だけ見れば、「立憲」の「帝国」に対する勝利と言っていいでしょう。

しかし、この勝利の過程で民政党内閣は、関東軍などの在外現地軍の「統帥権の独立」を逆に強調する破目に陥ります。海軍軍縮のような国防政策は、現地軍の作戦指揮とは違って「統帥権」に属さず、内閣の管轄下にあると主張したため、現地軍の作戦指揮が統帥事項に当たり内閣には介入できないと、かえって自ら明確にしてしまったのです。

事変不拡大路線の失敗

関東軍が奉天郊外の柳条湖で自作自演の満鉄爆破事件を起こし、北方チチハルと南方錦州に

満州事変・奉天城攻撃（©毎日新聞社／時事通信フォト）

向けて進軍したのは、翌一九三一（昭和六）年九月のことでした。この時も、浜口の後を継いで民政党内閣を担った若槻礼次郎首相と幣原喜重郎外相は、関東軍の暴走を抑えようと全力を尽くしました。欧米諸国、なかでもアメリカの強い反発を説明して、参謀総長金谷範三《かなやはんぞう》に、関東軍の進軍に対する中止命令を出させたのです。

参謀総長から関東軍司令官への進軍中止命令ならば、天皇の裁可を得た「奉勅命令」という形で、「統帥権」の範囲内で処理できます。実際に幣原外相は南次郎《みなみじろう》陸軍大臣の協力を得て、ここまでは満州事変の拡大を抑えていたのです。

しかし、「奉勅命令」が関東軍の暴走を抑えるのに時間がかかってしまいました。その間に、アメリカのヘンリー・スティムソン国務長官が堪忍袋の緒を切らしてしまいます。詳しくは第

10章の事例研究で紹介しますが、本当の問題は、スティムソンが最初の憤りの爆発について駐米日本大使から抗議を受けて行った釈明記者会見の方にありました。彼は、自分の発言は日本政府への抗議ではなく、駐日米大使から報告を受けた幣原外相の「(関東軍のこれ以上の暴走を抑えるという)確約」を信じていることを強調したにすぎない、と弁明します。その際に、スティムソンはこの「確約」の内容を、「日本の誓約は、文武両当局の極めて明白なる確約を内容とするもの」であり、「日本政府は満州の日本軍司令官に対し右の趣を既に発令」したというものだった、と公開の場で明言したのです。

アメリカの大統領とは違って、日本の首相には「軍司令官」に対して直接命令する権限はありません。一年前のロンドン海軍軍縮条約の締結にあたって、民政党内閣はこの点に限っての「統帥権の独立」を再確認したばかりでした。だから幣原外相は同じ閣僚の南陸相を通じて、金谷参謀総長に関東軍の抑制を依頼したのです。しかし、このアメリカ国務長官の発言で、金谷参謀総長は関東軍に対する制御能力を失い、幣原外相は統帥事項への介入(統帥権の干犯)と統帥事項の漏洩の責任を負わなければならなくなります。満州事変の不拡大路線を維持することができなくなったのです。「帝国」に対する「立憲」の敗北です。

五・一五事件と政党内閣の死

満州事変は、アメリカ発の世界恐慌がブロック経済圏の強化をもたらしたなかで行われた、という話をしばしば耳にします。しかし、陸軍中堅の東条英機《とうじょうひでき》中佐や石原莞爾《いしはらかんじ》少佐らが、「満蒙に完全なる政治的権力を確立す」る必要を唱えたのは一九二八（昭和三）年三月で、世界恐慌が始まる一年半も前のことでした。自国が起こした侵略行動を世界的潮流のせいにするのは、歴史の事実に反します。しかも東条らは満蒙領有を主張する際に、「これがための国軍の戦争準備は対露戦争を主体とし、対支戦争準備は大なる顧慮を要せず」としていたのです。第Ⅱ部で見た、日露戦争後の「帝国国防方針」策定に際して山県有朋が唱えた「中国仮想敵」論は、ここでも忘れ去られていました。

東条英機

　世界大恐慌と関係なく起こったという点では、一九三二年の五・一五事件も同じです。大恐慌に苦しんで娘を売らなければならなくなった農民に同情して海軍青年将校がテロに走ったという俗説は、今日でも広く行き渡っています。

しかし、一九九〇年に刊行された事件の首謀者藤井斉《ひとし》中尉の日記（一九三一年一月から三二年一月まで一年間分の抄録）のどこにも、恐慌に苦しむ農民の話は出てきません（『検察秘録五・一五事件』第三巻所収）。代わりに出てくるのは、青年将校の反乱により政党内閣を倒し軍部内閣を作り上げる「革命」への想いとそのための工作の記述だけです。藤井は彼らの役割を、一八六〇年に「開国」を唱える大老井伊直弼《いいなおすけ》を桜田門外に倒して明治維新の魁《さきがけ》となった水戸藩浪士にたとえています。

たしかに一九三〇年前後の世界大恐慌は、日本の社会経済に、そして国民生活に甚大な影響を与えました。しかし、満州事変や五・一五事件はそれとは直接関係のない、それぞれ個別の理由から起こったものだったのです。

陸海軍の一連の行動で「立憲」派は大きな打撃を受けました。民政党内閣は満州事変で退陣を余儀なくされ、代わった政友会内閣は五・一五事件で倒されます。一九三二年五月の犬養政友会内閣の退陣以後、一九四五年八月の敗戦まで、政党内閣は二度と復活しませんでした。

これまで公刊してきたいくつかの著作で筆者は、政党内閣の崩壊と満州国の設立以後にも、なお「立憲」回復の努力は存在しており、満州事変から日中全面戦争へと進展する「帝国」化の流れを抑える可能性があったことを強調してきました。『昭和史の決定的瞬間』や『日本近代史』などがそれです。

このような解釈は本書においても受け継いでいくつもりですが、一点だけ微修正が必要になってきました。「帝国」と「立憲」の対立に焦点を置いて日本近代史を通観してきた結果、「立憲」の側が内閣を握っているか、内閣を追われて衆議院だけに依拠しているかの違いの大きさに注目させられたのです。

「内閣」には、「統帥権」を除けば、国防と外交の決定権があります。それだからこそ、浜口雄幸の民政党内閣は海軍軍令部の反対を押し切ってロンドン海軍軍縮条約を調印し、批准も獲得できたのです。

しかし、犬養毅が海軍青年将校に射殺された以降の挙国一致内閣の下では、政党総裁が首相になることはありませんでした。政友会であろうと民政党であろうと、政党が国防と外交を直接左右することはできなくなったのです。浜口の後を継いだ第二次若槻礼次郎内閣の下で幣原外相が、陸軍大臣に頼んで陸軍参謀総長に関東軍の錦州進軍を抑える「奉勅命令」を出させたことがありましたが(一九三頁参照)、そのようなことが可能だったのも、政党総裁が首相だったからこそでした。首相の権限とは、それほど強いものだったのです。

そうだとすれば、結果から見れば、五・一五事件で政党内閣に終止符を打たれたのですから、それ以降の敗戦までの一三年間、「立憲」は「帝国」を抑制する力を失ったことになります。

しかし、これは結果から見た歴史であって、一九三六年の二・二六事件までは、政友会も民政党も政権復帰を諦めたわけではありませんでした。同年二月二〇日の総選挙では民政党が躍進し、過半数にはとどかなかったものの政権復帰の夢は実現しかかったのです。

二・二六事件の影響

しかし、二・二六事件が政党内閣復活の可能性を完全に奪い去りました。一九三六（昭和一一）年二月二〇日のわずか六日後の二六日早朝に、東京駐屯の近衛師団と第一師団の歩兵連隊と野戦重砲隊の八個中隊、一四八五名の将校と兵士が反乱を起こし、岡田啓介《けいすけ》総理大臣をはじめ、内大臣、前内大臣、侍従長、大蔵大臣、陸軍教育総監などの官邸、私邸、旅行先を襲撃したのです。このうち、斎藤実《まこと》内大臣、高橋是清大蔵大臣、渡辺錠太郎《じょうたろう》教育総監はそれぞれの私邸を早朝に襲撃され命を失いました。

襲撃されたのは渡辺教育総監を除き、すべて「重臣」と呼ばれた人たちです。元老西園寺公望と並んで後継首相の人選を天皇に依頼されていた者たちでした。反乱を起こした青年将校は、真崎甚三郎《まさきじんざぶろう》前教育総監を首相とする陸軍内閣を樹《た》てるつもりでした。その実現のために「重臣」のメンバーも替えるつもりだったのです。教育総監を射殺したのは、真崎が教育総監を追われた後にその任に就いていたからでしょう。

自分が信頼してきた「重臣」を襲撃された天皇は憤りをあらわにして、自ら近衛師団を率いて反乱軍を鎮圧するとまで言い切りました。天皇の強い決意が動揺する陸軍首脳部を立ち直らせ、二月二九日早朝に近衛、第一、第一四師団二万四〇〇〇名に反乱軍鎮圧のための出動が命ぜられます。一五〇〇名弱の反乱軍の指導者は投降し、兵士らは所属の師団に戻りました（野《の》中四郎《なかしろう》中隊長は自決しました）。

こうして二・二六事件自体は反乱軍の完全な敗北に終わります。しかし、それが「立憲」勢力に与えた打撃は甚大でした。

天皇自身が、「朕が最も信頼せる老臣を悉《ことごと》く倒すは、真綿にて朕が首を縮むるに等しき行為なり」と侍従武官長に言ったように、この事件を境に天皇とその側近の軍部制御力や政治的影響力は大きく後退しました。この事件に際して「朕自ら近衛師団を率い此れが鎮定に当らん」と言った天皇は、一九四五年八月一五日の玉音放送の時まで姿を消すのです（『本庄日記』二七五—二七六頁）。

二・二六事件以後にも、同年五月の衆議院特別議会で民政党の斎藤隆夫《たかお》が反ファッショ・反軍国主義の立場を鮮明にした「粛軍演説」から翌三七年四月の第二〇回総選挙（戦前日本の正常な総選挙の最後）にかけての「反戦・反ファッショ」世論の高揚に見られるように、「立憲」

勢力の反撃は続きました。

　しかし、「ファシズム」ではなく「帝国」を防ぐためには（具体的には一九三七年七月の日中戦争を防ぐためには）、「立憲」勢力が「内閣」を組織して天皇の外交大権を事実上その手に握らなければなりません。大日本帝国憲法第一三条には「天皇ハ戦ヲ宣シ和ヲ講シ、及諸般ノ条約ヲ締結ス」とあり、宣戦布告なき戦争でも、中国への派兵はこの外交大権に含まれます。そして憲法起草者の伊藤博文と井上毅が公刊した『帝国憲法・皇室典範義解』（『憲法義解』として岩波文庫に収録）には、「本条の掲ぐる所は専ら議会の関渉によらずして天皇その大臣の輔翼により外交事務を行うを謂うなり」と説明されています。

斎藤隆夫

　外交大権の責任大臣は、もちろん外務大臣です。内閣制度が発足し帝国議会が開設された後も、近代日本では、陸海軍大臣だけではなく外務大臣も衆議院議員から選ばれることはありませんでした。ただ、外務大臣が閣議の同意なしに単独で天皇と協議して開戦・講和・条約締結を行えるわけではありません。政党員が総理大臣になれば天皇の外交大権を掌握できることは、先に見た浜口雄幸内閣のロンドン海軍軍縮条約の締結によって明らかです。しかし、政党内閣でない限り、いくら政友会や民政党が衆議院で過半数を握っても、日中戦争は防げません。そして二・二六事件は政党内閣の実現を不可能にさせました。

宇垣流産内閣

このような状況の下では、一九三七（昭和一二）年一月に一旦は天皇から組閣の大命を受けながら陸軍の反対で大命を拝辞させられた宇垣一成《うがきかずしげ》の「流産内閣」は、「立憲」勢力に残された唯一の選択でした。筆者はこれまでの著作で、この「宇垣流産内閣」の重要性をたびたび指摘してきました。本章で見てきたように、「立憲」勢力が「帝国」勢力を抑えるためには、単に衆議院に過半数を占めただけでは駄目で総理大臣を握る必要があります。しかも、二・二六事件によって「政党内閣」復活の途が絶えていたとすれば、宇垣内閣が実現したかもしれないことの重要性が一層の切実さを帯びるでしょう。

陸軍の長老で朝鮮総督だった宇垣は政党に直接関係はなく、しかも二・二六事件で攻撃目標にされた「重臣」でもありませんでした。そのうえ、五・一五事件以後の政党苦難時代を通じて、政友会と民政党が連携して内閣を奪回しようとする「政民連携」運動が一貫して存在していましたが、この運動は宇垣を首相に迎えようとするものでした。宇垣内閣ができれば、それは限りなく政党内閣に近い内閣の成立を意味したのです。

盧溝橋事件と三個師団の派兵

宇垣の組閣が陸軍の反対で失敗してから半年も経たない一九三七（昭和一二）年七月七日に、盧溝橋事件が起き、七月二七日には日本政府は中国の天津、北京方面に向けて陸軍の三個師団の派兵を閣議で決定しました。その翌日の日記に宇垣は、「日支の関係は今日では事実において最早戦争状態に入りて居る」と記しています（『宇垣一成日記』第二巻、一一六二―六三頁）。

先に記したように、六年前の満州事変の時には、明治憲法第一一条の統帥権を根拠に事変を拡大しようとする関東軍に対し、首相を握る民政党内閣は、陸軍大臣や外務大臣を統率下に置き、陸軍参謀総長の協力まで得て、統帥権の暴走を抑えようとしました。

これに対して盧溝橋事件の際の首相は、政党とは関係のない近衛文麿《このえふみまろ》です。衆議院を掌握する政友会と民政党には国防と外交に介入する術がありませんでした。

戦前の日本では軍部の「統帥権」は内閣から独立しているので、内閣は日中戦争の拡大を防げなかった、という話を今でも耳にしますが、これは全くの誤りです。七月七日の盧溝橋事件自体は、天津近郊での日中両軍の接触事件でしたが、それが日中全面戦争に拡大したのは七月

盧溝橋事件・進軍する日本兵（©毎日新聞社／時事通信フォト）

二七日の閣議で内閣が三個師団の中国への派兵を決定したためです。

また、戦前日本の憲法の下では、首相以下の国務大臣は個別に天皇に責任を持つので（第五五条）、首相や外相には、陸相や海相の決定に介入する権限がなかった、という話も根強く残っています。しかし、これも全く間違った解釈です。国防とか外交とか財政とかいう国全体にかかわる問題は、陸軍大臣や海軍大臣や外務大臣や大蔵大臣だけで決めることはできません。首相の下で開かれる閣議で審議し決定するというのが、大日本帝国憲法制定の時からの決まり事でした。

このため、現地軍同士の衝突に対して日本が陸軍の三個師団を中国へ派兵するという決定は、参謀総長や陸軍大臣だけではできず、近衛首相の下で開かれた内閣の閣議においてなされたのです。

この二七日の閣議で交わされた議論の内容は分かりませんが、そのもとになった二〇日の閣議の概要は、防衛庁（省）防衛研究所戦史室が公刊した『戦史叢書・大本営陸軍部(1)』に記されています。それは、おおよそ次のようなものでした。

「広田（弘毅《こうき》）外務大臣。南京では日高（信六郎）参事官が王寵恵外交部長と交渉中であるから、その返事を待って見たらどうかと思う。ただし動員そのものには、しいて反対するわけではない。

米内《よない》（光政《みつまさ》）海軍大臣。不拡大主義が根本方針であり、そのうえ現地ではすでに〔停戦〕協定に調印しているという今日、あらためて動員とは、はたしていかがか。

杉山（元《はじめ》）陸軍大臣。一応ごもっとものようだが、支那側現地の調印も一向実行に現われない。そのうえ、各方面から平津〔北京、天津〕方面に中央軍その他が集中しつつある。居留民保護および軍自衛のためにも、兵力を増加派遣する必要に迫られている。（中略）今や情勢は緊迫してきている。動員派遣の時期は統帥部の判断に委せてもらいたい。時機を逸しては取り返しのつかぬことになろう。

近衛（文麿）総理大臣。陸軍大臣の話もわかる。格好はわるいが、この際、日高参事官と王外交部長との会見の結果が判るまで、動員は待つことにいたしたい。
杉山陸軍大臣。宜しい。そういうことにいたそう。」（同前書、四五三―四五四頁）

結果から見れば首相、外相、海相の抵抗はこの日までで、一週間後の二七日の閣議では、北京、天津方面への三個師団派遣が決定されました。しかし、ここで重要なのはその点ではありません。「統帥部の判断に委せてもらいたい」という陸相の提案は、制度的には、閣議での首相の裁断を得なければならなかった、という点が重要なのです。

そうだとすれば、盧溝橋事件を日中全面戦争にさせたくないという強い決意を持っていた政治家が総理大臣になっていれば、事態は相当に変わっていたはずです。わずか半年前に組閣に失敗した宇垣一成が、近衛に代わって首相の座に据わっていたら、七月二七日の三個師団派遣は防げたのではなかろうか。そうなれば盧溝橋事件は、単なる局地紛争として何らかの協定を結んで処理され、日中全面戦争は回避できたのではなかろうか。明治憲法体制の下でも閣議を取り仕切る総理大臣の権限は、制度的にはきわめて強いものでした。総理大臣が誰であるかは、

近衛文麿

国家の命運を左右するものだったのです。

宣戦布告なき全面戦争

この観点からすれば、近衛内閣の閣議で中国への三個師団派兵が決定される前後の宇垣の中国政策論がどのようなものだったのかは、きわめて重要な意味を持っています。彼は先に言及した一九三七（昭和一二）年七月二〇日の閣議の四日前（七月一六日）の日記で、次のように記していました。

「現閣僚中に識見高き人あり、あるいは智恵者がありたならば、おそらく子供の喧嘩に親が飛出し、平生先方の親が気に喰わぬ間柄なる故に直ちに喧嘩腰になるのは大人気なし、計画的の有無は問うまでも無く、畢竟《ひっきょう》するに〔要するに〕出先下級者間に起りし衝突であるから、まず外交交渉で纏《まと》める、それに先方が横車を押せば、正々堂々と世界に声明して一大決戦を交ゆるも可なり。出先の喧嘩をきっかけにイキナリ棍棒を振り挙げるのは国際正義を主張強調しておる手前からも慎まねばならぬ、と論破して、遮二無二的に見ゆるごとき派兵は見合わせしならんも、其人なかりしは遺憾なり。」（『宇垣一成日記』第二巻、一一六〇頁）

「識見高き人」あるいは「智恵者」が内閣中にあったなら、出先軍同士の小競合いに対して日本政府が「派兵」して日中両国の正面衝突になることは防げたはずだという宇垣の指摘は、歴史研究者の後知恵ではなく、一九三七年七月二七日の三個師団派兵決定の直前のものです。しかも、わずか半年前には、民政党と政友会の支持を得て、さらに天皇から組閣の大命までもらった宇垣一成その人の記述です。宇垣内閣が成立していれば、先に引いた七月二〇日の閣議は、「近衛総理大臣」ではなく「宇垣一成総理大臣」の下に開かれ、中国への三個師団派兵は回避できたかもしれません。

宇垣一成

七月二七日の三個師団派兵の閣議決定の結果、日中両国は宣戦布告なき全面戦争に突入し、戦争終結の目途が立たないまま、約四年半後の一九四一年一二月八日には、日本は対米戦争に突入していきます。この間の重要な「画期」の検討は次章に譲ることとし、第一次世界大戦以後の「立憲」と「帝国」の複雑な関係の「概観」は、ひとまず結びとしましょう。

第10章　両大戦間の三つの画期

第一の画期　原敬内閣下の「立憲」と「非帝国」

本章では、第9章で概観した二つの大戦の間の、日本における「立憲」と「帝国」の関係を、いくつかの画期ごとに、史料も紹介しながら、やや詳しく見ていきます。

第一の「画期」は、政友会の原敬と高橋是清が総理総裁をつとめた、一九一八（大正七）年九月から一九二二年六月までの約三年半です。

この三年半は、「立憲」が「帝国」をほぼ完全に抑え込んだ画期的な時代でした。それは、戦後の日本で語られた「平和と民主主義」と同じものではありません。第一次世界大戦中にいわば火事場泥棒のような形で中国から奪った山東省の旧ドイツ権益を中国に返し、もうこれ以上の特殊権益の拡大はしないというのが「非帝国」の内容でした。

「立憲」の方も「民主主義」と同じではありません。原と高橋が首相時代の政友会内閣は、普通選挙法の導入に頑なに反対しつづけました。わずか三〇〇万人の有権者を一二〇〇万人に増やすことを拒否する者を、「民主主義者」と呼べないことは、明らかでしょう。

それでは、原敬らの立場は近年流行りの「立憲主義」に近かったのかというと、むしろその反対でした。近年の「立憲主義」は、「数の横暴」を抑えるものとして唱えられています。議会で過半数を占める与党の内閣が総選挙というもう一つの「数の論理」を操って国防や外交問題を思うがままに動かそうとする時、憲法や民主主義の伝統的な理念でそれに枠をはめようとするのが、今日の「立憲主義」です。

この「立憲主義」の観点からすれば、一九二〇年二月に原首相が、野党提出の普通選挙法案を衆議院で可否を決めずに同院を解散し、直接に有権者にその是非を問うたのは、「数の論理」の乱用で、「立憲主義」に反するものだったと言えるでしょう。原首相は五月の総選挙で大勝した時、「民意」は普通選挙制は時期尚早という断を下した、と公言したのです。

しかし、本書がこれまで分析の枠組みとしてきた「立憲」と「帝国」の対立いう観点からすれば、原敬と高橋是清内閣が、「立憲」的でかつ「非帝国」的な内閣であったことは、疑いようもありません。「立憲」と「非帝国」の結合の強さには目を見張るものがありました。一九二九（昭和四）年から三一年にかけての浜口雄幸と若槻礼次郎の民政党内閣のそれと、甲乙つけがたいものです。

原と高橋は、日本の「帝国」化を抑えるためには、対外政策の大転換を計ると同時に、国内政治における陸軍の横暴を抑えなければならない、という点で一致していました。高橋の場合は、この二点を意見書という形で文章化しているので、ここではそれを中心に紹介します。参謀本部廃止論と中国政策の根本的転換論がそれです。

中国政策の根本的転換

日本近代史を、日中関係を一方の軸にすえて、一八七四（明治七）年の台湾出兵以後の歩みを分析してきた本書では、まず後者の方から見ていくべきでしょう。

一九二一（大正一〇）年五月稿の「東亜経済力樹立に関する意見」は、半年のちには原敬の非業の死によってその後を継いで首相になる高橋の意見書ですから、評論家の理想論とは重みが違います。なかでも注目すべきは、彼が中国にある日本の「駐屯軍」は、中国の諒解の下に「速《すみや》かに撤退し、また各地の軍事的施設も速かに撤廃し、山東においても満蒙においても、いやしくも領土的侵略的野心の発露と誤解されてきた政策および施設は断然更改するを急務とす」、と論じている点です（『小川平吉関係文書』第二巻、一四六一―一四七頁）。原敬内閣の大蔵大臣で副総理格の高橋が、関東軍の撤兵までも主張していたのです。
高橋は単なる理想主義から中国駐屯の日本軍の引揚げを主張していたのではありません。彼には、大戦中に発展した日本の経済力への自信がありました。大戦中に日本が貯えた「二十億円の正貨」は、その象徴でした。高橋はこの点について大要次のように論じています。

「過去においては国力の大小強弱を判断するにあたり、各国の武備兵力を以って唯一の標準となせりといえども、近代にありては経済力の優劣を以って国家の勢力を計量しなければならない。何となれば、最後の決定はこの実力によって左右されること明かなるに至ったからである。」（同前書、一四五頁）

高橋是清

軍事力ではなく経済力が一国の実力を示す時代になれば、中国との関係も経済力を中心に立て直さなければなりません。すなわち、「日本の財力と支那の天然資源と、日本の工業能力と支那の労力とを渾然結合し、以って東亜の経済力を伸張し物資の産出を旺盛ならしむるにおいては、ただに日支共存の実を完《まっと》うするだけではなく、延《ひ》いては世界の進運に貢献し、人類の向上に寄与することができよう」（同前書、一四六頁）というのです。

参謀本部廃止論

このように従来の「帝国」をほぼ全否定した高橋は、そのために国内における「立憲」をさらに前進させ、政党内閣による軍部の抑制を制度化しようとしていました。参謀本部廃止論がそれです。

関東軍撤兵論に先立つこと八ヵ月、一九二〇（大正九）年九月稿の「内外国策私見」と題する意見書で、高橋は「参謀本部廃止」という一項をもうけて、次のように論じています。憲法学者の美濃部達吉や民本主義者の吉野作造をはるかに超える正面からの参謀本部廃止論です。少し詳しく引用しておきましょう。

「二、参謀本部廃止。

我が国の制度として最も軍国主義なりとの印象を外国人に与えるものは、陸軍の参謀本部なり。これは戦前のドイツ帝国の制度を模倣したるものにして、軍事上の機関が、内閣と離れ、行政官たる陸軍大臣にも属せず、全く一国の政治圏外に特立して独立不羈《ふき》の地位を占め、ただに軍事上のみではなく外交上においても経済上においても、ややもすれば特殊の機関たらんとす。」（同前書、一四〇―一四一頁）

高橋によれば、ドイツの第一次世界大戦での敗北は、同じような参謀本部が政府から独立して準備してきた戦争計画が、戦争が長期化する中で次第に英仏米などの相手側に知られるにいたると対応力を完全になくしてしまった結果でした。このようなドイツ参謀本部の理解から、高橋は次のように結論づけています。

「然らば参謀本部の如き独立の機関を以って軍事上の計画を樹てるの必要なく、外は列国の誤解を招き、内は他の機関と対立を来たすとすれば、むしろこれを廃止して陸軍の行政を統一し、外交上の刷新を期すべきである。」（同前書、一四一頁）

「統帥権の独立」を振りまわす参謀本部に批判的だった点では、首相の原敬も同じでした。高橋がこの意見書を書き上げたのと同じ一九二〇年九月の日記（二日）に、原は次のように記しています。

「何分にも参謀本部は山県（有朋）の後援にて今に時勢を悟らず。元来先帝〔明治天皇〕の御時代とは全く異りたる今日なれば、統率権云々を振廻すは前途のため危険なり。政府は皇室に累の及ばざるように全責の衝に当るは、すなわち憲政の趣旨にて、また皇室の御為めと思う。皇室は政事に直接御関係なく、慈善恩賞などの府たる事とならば安泰なりと思ってその方針を取りつつあるも、参謀本部辺りの軍人はこの点を解せず、ややもすれば皇室を担ぎ出して政界に臨まんとす。誤れるの甚だしきものなり（下略）。」（『原敬日記』第五巻、二七六頁）

「統率権」の否認は参謀本部の廃止に近く、「皇室は……慈善恩賞などの府」という主張は、美濃部達吉の「天皇機関説」を飛び越えて、戦後日本の象徴天皇制に近いものです。原は高橋と同じように、「立憲」的で「非帝国」的だったと言っていいでしょう。

しかし、その原でも、先に紹介した「参謀本部廃止」論を印刷した高橋がそれを配布したいと言ってきた時には、反対しました。それでも原は、高橋意見書を陸相の田中義一だけではなく、元老で陸軍の大御所の山県有朋にも見せると約束しています。そのことからすると、全面的に反対ではなかったのでしょう。ただ原は、心の中では考えていても実行は不可能な理想論を、外部に公表することには反対だったのです。印刷した意見書を携えて高橋が配布の許可を求めて原に会った日の日記に、原は次のように記しています。

「〔十月〕十五日。閣議。（中略）高橋蔵相、私見として軍国主義の誤解を去る事を意とする意見書を印刷して余に内示し、余の意見により他に配布すべしと言うにつき一読し、また丁度田中陸相も居合わせたるにより内示したる結果、山県にも示さるる事となせり。

高橋の意見は、参謀本部、文部省ともに廃止、農商務省を農林と商工の二省に分割する案なるが、農商務の事はともかく、参謀本部の廃止も文部省の廃止も実際は行われずして、いたずらに反対者を造るまでの事なり。国家に何の利益もなし。また、これを実行せんとならば、内閣の議を固め万難を排して決行せざるべからず。とにかく私見なりとするも発表は見合わすべしと言い、高橋余の言に従えり。」（同前書、一一九七頁）

先の引用では「立憲」を強調するために、文部省廃止の方は省きました。ただ、その内容は参謀本部廃止論ほどには衝撃的ではありません。

この原敬の日記から、両者の「統帥権の独立」批判に温度差があったことは明らかでしょう。しかし、ここで重要なのは、原敬も高橋是清も、「外に帝国」の従来路線を大幅に軌道修正しようとしただけではなく、そのために、国内の「軍国主義」の拠点の弱体化に取り組もうとしていた点です。原敬内閣は「内に立憲」の強化により、「外に帝国」路線の封印を計った内閣として、画期的な存在だったのです。

もちろん、このような原内閣の「立憲」と「非帝国」の組合せが、第一次大戦後の世界的潮流の一環だったことは、言うまでもありません。しかし、第二次大戦後とは違って、この時の日本は「世界的潮流」に受動的に対応したわけではありませんでした。一九二一年末から翌二二年初めにかけてワシントンで開かれた国際会議において結ばれた、海軍軍縮条約、中国に関する九カ国条約、日米英仏の四カ国条約は、世界大戦の再発防止（英米日仏伊五カ国の戦艦保有量の制限）と東アジアにおける「帝国」化の抑制（日英同盟の廃止と中国の領土と主権の保全）とをめざしたものです。日本はこの会議で、主役の一つをつとめました。

第二の画期　田中義一内閣下での「帝国」の反撃

一九二五（大正一四）年四月に元陸軍大臣の田中義一を総裁に迎えた政友会は、八月に在野党に転じます。それとともに、原内閣以来の「非帝国」路線を転換して、満蒙における特殊権益の擁護という「帝国」路線を掲げるにいたりました。しかし、すでに明らかにしたように、外交・国防政策を実際に転換するには政権についていなければなりません。野党時代の政友会にできたのは、「進んで政府を督励し、且つ国民の輿論を喚起し、以って満州における帝国の特殊的地位を支持確保するの手段を講ずる事を期」することまででした。

しかし、中国政策を転換した政友会が一九二七（昭和二）年四月に政権の座についた時、満蒙特殊権益の武力による維持が日本の国防・外交の基本方針となったことは、よく知られています。

ただし、「帝国」についての政策は変わっても、この時代はまだ政党内閣時代です。野党の憲政会（のちに民政党）が政友会に代わって政権につけば、中国政策は再転換が可能でした。事実、二年後の一九二九年七月に田中義一の政友会内閣に代わって民政党の浜口雄幸内閣が成立すると、中国の国内対立に武力干渉しようとした田中内閣の政策は再転換し、内政不干渉、日中親善が改めて強調されました。浜口首相は就任後最初の施政方針演説を「対支外交」から始めて、次のように述べています。

「帝国と隣邦支那との関係については、政府の方針は、つまり両国共存共栄の基礎の上に永遠の親交を確立せんとするに外ならぬのである。」

これらのことから明らかなように、二大政党制（慣行）の下では、保守党が「帝国」化政策を遂行することはありえても、進歩的政党が政権に復帰すれば、再び「非帝国」政策に戻すことも可能だったのです。

満蒙領有計画

しかし、これまでに明らかにしてきたように、日本の「帝国」化は「戦争」とは違って、参謀本部が主張しつづけた「統帥権の独立」に属する問題でした。先に紹介した高橋是清の「参謀本部廃止」論が実現していれば別でしょうが、満蒙問題の場合には現地関東軍の行動には参謀本部を通じなければ内閣は手を出せません。そうした統治システムの下では、進歩的内閣の「非帝国」政策には大きな限界がありました。

進歩的な政党内閣は、明治憲法第一三条の天皇大権（外交大権）を使って対中全面戦争は阻止できたはずですが、出先の軍隊の行動は第一一条の統帥権の問題で内閣には直接統御する権限がありません。このような戦前の憲法システムの下では、軍部の動向が「帝国」か「非帝国」かを大きく左右したのです。

この観点からすれば、原内閣時代の「立憲」による「帝国」の抑制を終わらせる上での「画期」は、田中内閣時代の陸軍中堅将校による「満蒙領有計画」の樹立だったように思われます。青年将校ではなく、大佐、中佐、少佐を中心とする陸軍中堅将校が「木曜会」という研究会を立ち上げ、そこで「満蒙領有」を決意したのです。

会員の一人鈴木貞一《ていいち》少佐が遺した「木曜会記事」には第一回会合の記録は残っていませんが、一九二七（昭和二）年一二月一日の第二回会合から二八年四月五日の第六回会合まで、毎月一回のペースで木曜日に開かれ、半年近く休会の後に二八年一一月から二九年二月までまた再開された会合の記録は残っています。

陸軍省や参謀本部の中堅からなるこの研究会は、昭和史に関心のある人ならば誰もが知っている永田《ながた》鉄山《てつざん》（大佐）、東条英機（中佐）、石原莞爾（少佐）ら一八人の大佐、中佐、少佐、大尉の会合です。出席率からすると東条が中心だったようです。また、陸大教官として、この会議でも有名な「世界最終戦論」を報告している石原莞爾が、一九二八年一一月三日に欠席した理由が「関東軍に転任」だったことも重要でしょう。同年一〇月に関東軍参謀に任命された石原は、この年三月の木曜会での東条提案にもとづく次のような決定を胸に任地に赴きました。

石原莞爾

そして、約三年後の三一年九月に満州事変を起こしたのです。

「帝国自存のため満蒙に完全なる政治的権力を確立す。これがため国軍の戦争準備は対露戦争を主体とし、対支戦争準備は大なる顧慮を要せず。ただし本戦争の場合において米国の参加を顧慮し、守勢的準備を必要とす。」（『鈴木貞一氏談話速記録』下巻、三七八―三七九頁）

第三の画期　満州事変をめぐる「立憲」と「帝国」の攻防

陸軍中堅将校の「満蒙に完全なる政治的権力を確立す」という決定が、一九三一（昭和六）年九月一八日の関東軍による柳条湖事件（満州事変）によって実行に移されます。同軍は南満州から、北はソ連権益下の黒竜江省と興安省へ、南は万里の長城に接する熱河省へと兵を進め、翌三二年三月には、清朝時代の最後の皇帝であった溥儀《ふぎ》に満州国を創らせました。

この事変は、明治維新以降の日中関係史の中で最もよく知られているものでしょう。本書の観点から重要なのは、衆議院に過半数を占める政党内閣として、一年前の一九三〇年には海軍軍令部の反対を押し切ってロンドン海軍軍縮条約を成立させた民政党内閣が、なぜ関東軍を抑えられなかったのか、という問題です。

これまでの日本近代史研究では、答えは明らかでした。「統帥権」が内閣から独立していたからです。

しかし、これまで本書で強調してきたように、内閣、とりわけ首相の権限は、戦前の日本でも想像以上に強いものでした。しかも、浜口雄幸・若槻礼次郎の民政党内閣は、先に記した原敬・高橋是清の政友会内閣に匹敵する、戦前日本では最強の政党内閣でした。研究者の側が「統帥権の独立」という言葉に縛られすぎていたのかもしれません。本当は、民政党内閣は関東軍の暴走を抑えようとしたけれど、何らかの事情でそれに失敗したのではないか。ひと言でいえば、「立憲」は「帝国」を抑えようとしたのに、結果的に失敗して、「満州国」という植民地ができてしまったのではなかろうか。

若槻礼次郎

三〇年以上前の一九八四年に筆者が発表した「外交官の誤解と満州事変の拡大」という論文は、民政党の第二次若槻内閣の下で幣原喜重郎外相が、南次郎陸軍大臣と金谷範三参謀総長の協力を得て、一旦は関東軍の拡大路線の制止に成功しながらも、アメリカの国務長官ヘンリー・スティムソンの記者会見によって挫折させられた経緯を分析したものです。

関東軍の制止に一度は成功した

挫折の経緯は後に回して、一旦は制止に成功した方の経緯から検討していきましょう。「立憲」が「帝国」の暴走阻止に一旦は成功したことは、次の二つの資料で明らかになります。

第一は、一九三一（昭和六）年一二月二日に参謀本部第二課が在郷軍人会に配った「満州問題につき軍部と外務側との関係に関する経緯」と題する資料です。本書の視点にとってきわめて重要なものなので、ほぼ全文を引用しておきましょう。

「昭和六年十一月二十三日夕七時頃南陸軍大臣より金谷参謀総長に対し電話を以って左の要旨の通話あり。

「幣原外務大臣は諸情報により、関東軍が錦州攻撃を断行する情勢にありと推察し、これに関し自分に実情如何を問い合わせてきたので、自分は目下の情勢においてはそのような事態は発生しないであろう、なお貴殿において真に憂慮しなければならないわけがあるなら、参謀総長に直接確かめた方がいいであろう。自分から参謀総長に頼んで置こうと答えて置いたので、総長からも差支えない範囲で外相と話していただければ幸いである。」

〔陸軍大臣からの〕右電話に対し参謀総長は、午後八時頃電話を以って幣原外相に対し左の要旨を伝えた。

「陸軍大臣の語るところによれば、外相は関東軍の錦州攻撃即時断行に関する情報を得られ、憂慮せられているようであるが、昨今の情勢においては右攻撃を断行するようなことはないと信じている。（中略）」

これに対し外務大臣は、「支那側の宣伝ならば兎も角も、聞くところによれば、すでに参謀次長の名を以って、錦州攻撃の企図に関し海外の大使館付武官に電報されたと言うが、これは何らかの誤伝であろうか」と質問したので、参謀総長は、「そのようなことは絶対に無い。しかし錦州方面の情況については後刻なお念の為め調査の上通報いたすべし」と答えて一時通話を中止した。

参謀総長はさらに約一時間のちに、錦州方面に関する情報などを確かめた後で、再び外相を電話に呼び、「錦州方面の関東軍の行動は全く馬賊に対するものである」ことを伝えた。」（『太平洋戦争への道・別巻資料編』一五九―一六〇頁）

幣原喜重郎

政党内閣の外務大臣が関東軍の満州事変拡大の動きについて陸軍大臣に強い懸念を表明し、それを陸軍大臣が参謀総長に伝え、直接に外務大臣に電話するよう勧め、参謀総長は二度も外務大臣に電話して、関東軍に錦州攻撃はさせないと確約しているのです。「立憲」は「帝国」を抑え込もうとしていたのです。

すでに前章で見たように陸軍長老の宇垣一成は一九三七年七月に、日中間の局地戦を全面戦争に拡大するのに反対していました。その六年前の満州事変で、事変の拡大を抑えようとする幣原外相に協力した陸軍大臣の南次郎と参謀総長の金谷範三とは、この宇垣の庇護の下に陸軍の頂点にまで昇りついた者です。幣原が直接に参謀総長と電話した翌日に元老西園寺はその側近の原田熊雄を宇垣の下に派遣して、「ぜひ錦州攻撃の挙に出ないよう、貴下において一つ尽力してくれ、西園寺も非常にこの点を心配している」と伝えさせています(『西園寺公と政局』第二巻、一四一頁)。

このように、満州事変を拡大して「満州国」を作り上げようとする関東軍の行動に、当時の陸軍中央は反対でした。彼らは時の民政党内閣の不拡大方針を全面的に支持していたのです。

日本の外相、陸相、参謀総長が一致協力して関東軍の錦州攻撃を抑えようとした背景には、アメリカ国務長官スティムソンの強い抗議があったからです。彼が駐日大使フォーブスを通じて関東軍の行動について幣原外相に強い警告を伝えたのが、先の一一月二三日でした。このアメリカ国務長官の警告を受けた幣原が、日本の陸相と参謀総長に懸念を伝え、参謀総長が幣原外相に錦州攻撃はしないと確約したのです。翌二四日、幣原はこの確約を、フォーブスを通してスティムソンに伝えました。スティムソン↓フォーブス↓幣原↓南↓金谷↓幣原↓フォーブス↓スティムソンの循環が完結し、関東軍の錦州攻撃の中止は、国内的にも対外的にも、一度は解決したのです。

小さなミスの不運な連鎖

戦後七〇年余りにわたり一貫してアメリカの庇護の下に生きてきた今日の私たち日本人は、外交指導者の一つの間違いが国の命運を分けてしまうという経験をしたことはありません。日米同盟が安定していれば、あるいはその反対に憲法九条さえ護られれば、日本の安全は守られると信じつづけてきたのです。

しかし、一九三〇年代の初頭の世界は日本も含めて危機に直面していました。そこでは世界の指導者のちょっとした不注意が致命的な結果をもたらします。一九三一（昭和六）年一一月二〇日代に、満州事変の拡大阻止が失敗したのは、日本とアメリカの国防・外交指導者のいくつかの小さなミスが不運な連鎖を重ねたためです。

ミスの第一は、金谷参謀総長の安請け合いでした。関東軍はそう簡単に錦州攻撃を諦めなかったのです。参謀本部と関東軍の間にも「統帥権の独立」に似たような問題があったのです。このことは、関東軍説得のために現地に派遣されていた参謀次長に参謀総長自身が一一月二八日に送った次の電報を見れば、一目瞭然になります。彼が幣原外相に錦州攻撃はさせないと明言してから五日ものちの電報です。

「今回錦州方面に対する関東軍の不適当なる行動に対し本職の意図は屢々《しばしば》電報せる通りなるも、今や中央部は全く関東軍が中央の統制に服するの誠意なきことと、関東軍司令部内の不統一なるに帰せるものと信ぜざるを得ざるを遺憾とするに至れり。

ついては貴官は、軍司令官および参謀長に対し率直に中央部の右所感を述べ、その猛省を促し、奉勅命令と何ら差異のない御委任命令に対し寸毫《すんごう》も違反の誹《そし》りを受けるがごとき挙措を繰り返さないと二人に保証させるべきである。」(『現代史資料　続・満洲事変』二八〇頁)

この参謀総長の電報の評価は、むつかしい。見方によれば金谷の不拡大方針は本物だったという史料にもなります。しかしアメリカの国務長官の立場になってみれば、二四日に幣原外相から伝えられた、錦州攻撃はしないという確約が疑わしくなってきたとしても、不思議ではありません。一一月二七日、スティムソンは記者会見を開いて次のような談話を発表しました。

「今よりわずか三日前〔一一月二四日〕に受けた日本の誓約は、文武両当局の極めて明白なる確約を内容とするものである。米国政府は今日に至るまで、平和に対する進歩が行われつつあると信じていたのである。」

時差の関係から、新聞記者会見が日本の新聞に載ったのは、翌二八日の夕刊です（新聞の日付は一一月二九日付ですが、当時の夕刊は翌日付でした）。スティムソンは二四日の「文武両当局」の「確約」は全然実行されていないではないか、と憤りを爆発させたのです。

スティムソンの失敗

日本の参謀総長の安請け合いが三日経っても実現していないことへの憤りの表明にあたって、今度はアメリカの国務長官がミスを犯しました。第二のミスです。

アメリカの国務長官は、日本の外務大臣と同格です。スティムソンの発言がアメリカ政府を代表するものであるのと同様に、幣原の「誓約」は日本政府を代表するものとして扱ってもよかったはずです。それなのにスティムソンは、わざわざ「文武両当局の極めて明白なる確約」であることを強調しました。さらに談話の後半では、「幣原外相は右回答中において、日本政府は満州の日本軍司令官に対し右の趣を既に発令せりと言明した」ことまで明らかにしたのです。

外交官としての自分の日本理解を誇示したかったのかもしれませんが、満州軍司令官に発令できたのは参謀総長であって、日本政府ではありません。すでに前章で記したように、外国との正式な戦争決定は、参謀総長や関東軍司令官の権限を超えて、内閣によって決定されます。しかし、局地紛争における出先軍の行動を制御できるのは、軍司令官と参謀総長であって、首相や外相にはその権限はありません。だから金谷は幣原外相限りの話として、錦州攻撃はしないという「統帥部」の意向を伝えたのです。

その話をアメリカの国務長官が記者会見で公にしてしまい、それを日本の夕刊が「ワシントン二十七日発連合」として一面に載せてしまったのです。これだけでも幣原外相は辞任に追い込まれたかもしれません。

幣原に残されていた唯一の窮状打開策は、スティムソンにこの「連合」の記事を誤報として釈明会見をしてもらうことでした。事実、幣原外相は出淵勝次《でぶちかつじ》駐米大使を通じてスティムソンに釈明を要求します。しかしスティムソンと会見した時、出淵は「談話」の問題点を理解していませんでした。「連合」記事の「統帥権の干犯」部分の釈明を要求せずに、何か見当違いの抗議をスティムソンに対して行ったのです。駐米日本大使の抗議内容は正確には分かりません。ただ、それが見当違いの内容だったことは、次に紹介するスティムソンの釈明会見によって明らかでしょう。なお日本では、この釈明会見は一一月二九日朝の新聞号外で報じられました。

「二十七日の記者諸君との会見において私が言明したことについては、諸君が記録を持っているということを言えば、それで十分である。その記録に明らかなように、当日私が言わなかったこと、さらにはこれまでも一度も言ったことのない事柄が、日本外務省に全く誤報されている。」

このように出淵が抗議したことは二七日の記者会見では全く言っていないことを明らかにしたうえで、スティムソンは、二七日に自分が明らかにしたのは次の点であり、それ以上でも以下でもないと明言したのです。

「〔自分は錦州附近における中国軍に対し日本軍が出動を計画しているという新聞報道に接して、フォーブス駐日大使を通じて、このような報道が根拠のないものと信じている旨を幣原外相に伝えた。」これに対し、翌二十四日、フォーブス大使を通じて幣原外務大臣より、錦州に対しては軍事行動を起こさないよう、外務大臣、陸軍大臣、参謀総長の間に意見一致し、その旨出先司令官に命令したとの言明があった。〔自分はこの言明を信じていると、いわば再確認の声明を出したにすぎない。〕」

不拡大方針の挫折

一読して明らかなように、ここでスティムソンは日本政府が取り消しを求めた箇所を、わざわざ具体化して声明しなおしたのです。憲法第一一条に統帥権の独立が明記してある以上、関東軍は参謀総長の命令以外には従わない。その命令が、外務大臣とも協議して出されたものならば、参謀総長自らが「統帥権を干犯」したことになります。あくまでも内々の相談であった外相と参謀総長との電話協議の内容が、アメリカの国務長官の記者会見の場で明らかにされ、それが号外として日本の新聞で公表されれば、幣原外相の致命傷になります。幣原外相はただちにフォーブス駐日大使に次のような抗議を申し入れました。しかし、それは抗議というよりも、事変の不拡大方針の挫折通告に近いものでした。

「この際長官が新聞記者に与えられたる会見録としてＡＰの伝えたる報道は、極めて重大なる結果をもたらしたり。すなわち、本大臣が軍部より錦州進撃差控を満州軍司令官に命令ありたる内情につき貴大使に打ち開けたるのは、その時繰り返し念を押したように、全く貴大使および米国政府限りの内密の報道であって、国務長官がこれを新聞記者に公言されることがあろうとは、全く予想していなかった。このような内密な話が漏泄したため、本大臣は軍部当局や国論の猛烈な攻撃を受けることとなり、自分の地位はもはや保持できなくなってきた。」（『日本外交文書・満州事変』第一巻第三冊、一一八頁）

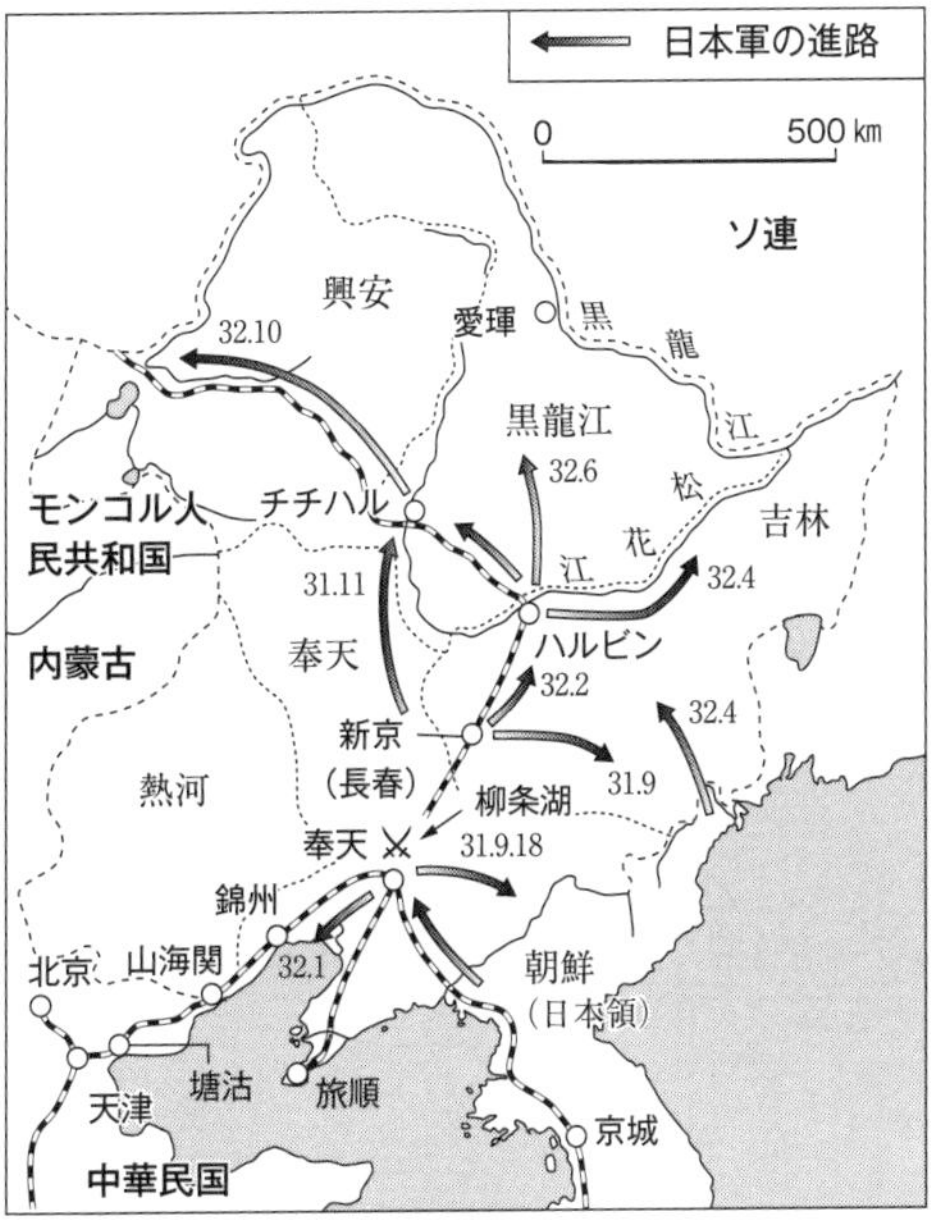

満州事変

面目が丸つぶれになったのは、幣原外相だけではありません。金谷参謀総長も南陸軍大臣も同様でした。外務省だけではなく、陸軍中央も、錦州攻撃にゴー・サインを出さざるをえなくなります。一二月七日、陸軍大臣から関東軍と支那駐屯軍に出された電報は、「匪賊掃蕩《ひぞくそうとう》」という「統帥権」の範囲の行動から、「支那正規軍」との交戦を陸相と外相が認める「外交大権」（憲法第一三条）に、移りかけていたことを示すものでした（前掲『太平洋戦争への道・別巻資料編』一六二頁）。

この電報の意味は、次の三点に要約できます。

第一に、参謀総長名ではなく、陸軍大臣名で関東軍と支那駐屯軍に送られたものだという点です。第二に、その中で陸軍大臣がこの電報の内容は「外務側と打合わせ」済みなことを、明言していたことです。第三に、「兵匪馬賊」だけでなく、「支那軍との衝突」を容認したものだという点です。外相、陸相、参謀総長の協力によって錦州攻撃を抑えてきた幣原外相、さらには第二次若槻内閣の対中国外交の完全な崩壊です。四日後の一九三一（昭和六）年一二月一一日、第二次若槻内閣は総辞職しました。「立憲」が「帝国」に敗北したのです。

画期の消滅

都市民衆や議会勢力が民主化を求めて活動している時には、中国への勢力拡大は停止します。しまた、これらの「立憲勢力」は、戦争が勃発する前日までは、反戦的もしくは厭戦的です。

かし、戦争一般ではなく、中国への軍事的進出を抑えるには、世論や議会ではなく、国防・外交大権を握れる「内閣」を取っていなければなりません。それでも「帝国」化が防ぎ切れない時もありますが、内閣を取っていなければ侵略戦争を事前に抑える手段はありません。満州事変の教訓です。

そうだとすれば、一九三二（昭和七）年五月一五日の海軍青年将校を中心とするテロで犬養毅の政友会内閣が総辞職して以後、四五年八月の敗戦までの一三年間、政党内閣は一度もできなかったのですから、「立憲」が「帝国」を抑えた「画期」など存在するはずがなかったことになります。

犬養毅

しかし、これはあくまでも結果から見た話で、当時の人々が満州事変で「帝国」批判を諦め、五・一五事件で政党内閣に見切りをつけてしまったわけではありません。さらに言えば、五・一五事件から四年近く経った一九三六年二月二六日の、さらに規模の大きな陸軍青年将校のクーデター事件の後でも、議会や世論は反戦・反ファッショの主張を放棄したわけではありませんでした。

一九三六年二月二〇日の第一九回総選挙で政友会を

破って第一党に返り咲いた民政党は、その六日後の青年将校の反乱の後も、反戦・反軍国主義の旗を降ろしませんでした。同年五月の斎藤隆夫の「粛軍演説」は有名です。世論の動向は保守政党の政友会にも影響を与え、翌三七年一月の第七〇議会では同党の浜田国松《くにまつ》が、陸軍の活動の背後に、「ファシズム」もしくは「独裁思想」が存在していると、寺内寿一《てらうちひさいち》陸相に激しく迫っています。

このような民政党と政友会の反戦・反ファッショの声に押されて登場したのが、両党内部と陸軍の一部に支持者を持つ宇垣一成内閣構想です。

この内閣が流産に終わった経緯はよく知られています。一九三七年一月二五日に天皇から組閣の大命をもらった宇垣に対し、陸軍の三長官（参謀総長、教育総監、前陸軍大臣）が後任陸相の推薦を拒否したために、二九日に大命拝辞に追い込まれたのです。

社会大衆党の躍進

これまで発表したいくつかの著書の中で筆者は、宇垣内閣の流産以後も、一九三七（昭和一二）年七月七日の日中戦争の勃発までは、民主化をめざす各勢力の活動はむしろ拡大していたことを強調してきました。同年四月三〇日の第二〇回総選挙での社会大衆党の議席倍増や、五月から六月にかけての市会議員選挙における同党のさらなる躍進に注目したのです。

合法社会主義政党であるこの社会大衆党は、軍部と提携して国家改造をめざす「広義国防」を唱えていました。総力戦に備えるには、軍備の充実だけをめざす「狭義国防」では駄目で、同時に資本家の私利追求に苦しむ労働者や貧農を救済する「広義国防」が必要である、と主張していたのです。今日の言葉でいえば、格差の是正と軍備の充実とを結びつけようという立場でした。

しかし、皮肉なことに、社会大衆党に投票した下層階級も、当時の進歩的な知識人も、この党にファシズム反対の中心となることを期待していました。当時の社会主義的な哲学者戸坂《とさか》潤《じゅん》は、「厖大な軍事予算と国民生活安定予算との矛盾をば、狭義国防と広義国防との対立として衝いたのは、社会大衆党などであった」と、総合雑誌（『改造』一九三七年九月号）上で肯定的に評価しています。そして戸坂は、四月三〇日の総選挙から六月にかけての各地の市会議員選挙での同党躍進から、「自由主義もしくはデモクラシーが今日の日本国民の政治常識」である、と結論づけました。

そのデモクラシーが日中戦争という「物質的なエネルギー」によって圧《お》しつぶされた、と戸坂はこの短文を結んでいます。

デモクラシーはどうすれば戦争を止められるか

一方で、一九三七（昭和一二）年六月までの日本で、デモクラシー勢力が躍進しつづけたこと。これは歴史的事実です。他方で、七月の日中戦争開始以後デモクラシー勢力が声をひそめたこと。これもまた歴史的事実です。当時の総合雑誌の論調の急変を見れば、このことは明らかです。

そうだとすれば、デモクラシーの頂点で日中戦争が勃発し、その戦争がデモクラシーを窒息させたことになります。ここ二〇年近く、筆者は、この分かったようで分からない話を消化しきれませんでした。軍部の独裁政権がデモクラシーを鎮圧した後で戦争が勃発したわけではないのです。それでもデモクラシーは戦争の勃発を防げませんでした。そして、勃発した戦争の方はデモクラシーを窒息させることができたのです。何度書き直してみても、この堂々めぐりから抜け出すことはできませんでした。

しかし、答えは意外と簡単でした。第一に、戦争が起こらない限り、デモクラシーを鎮圧することはできない。第二に、一旦戦争が起こってしまえば、戦争が終わるまで、デモクラシーには出番がない。この二つのことを前提にすれば、問題は次の一点に絞られます。デモクラシーが戦争を止めるにはどうしたらいいのか、という問題です。

実は本書ではいろいろな箇所でこの問いに答えてきました。それをひと言に要約すれば、デモクラシー勢力が政権についていれば、戦争を止めることができる、ということです。

戦前の大日本帝国憲法の第一三条は、よく「外交大権」と呼ばれますが、誤解を招きやすい呼び方です。実質的内容に近い呼び方は、「国防・外交大権」でしょう。宣戦・講和・条約の調印だけではなく、他国の領土・主権内部への軍隊の派遣も「宣戦布告」に準ずるものとして、この第一三条に属します。すでにたびたび指摘してきたように、この第一三条関係の決定は、内閣の閣議で行われていました。関東軍や天津軍が「自衛」の名目で行う局地戦争とは異なり、「統帥権の独立」（第一一条）には属さないのです。

このことを言い換えれば、男子普通選挙制の下で有権者がデモクラシー勢力を衆議院に送り、その勢力に支えられた進歩的政党政治家、もしくはそれに準ずる政治家が首相の地位についていれば、戸坂潤が陥ったような奇妙な堂々めぐりを避けられたことになります。デモクラシーが戦争を抑え込み、それゆえにさらに発展するという好循環は、リベラルな政党内閣もしくは準政党内閣の下でしか生じないのです。「政党内閣」に「リベラルな」という条件を付ける理由は、すでに記したように原敬・高橋是清内閣の後にできた政友会内閣は、「帝国」を承認する立場を採ってきたからです。

「帝国」と「立憲」の対立を軸に一八七四年の台湾出兵以後の日本近代史を再検討してきた本書は、一九三七年七月の日中全面戦争の開始をもって区切りをつけざるをえません。一旦総力戦が始まってしまえば、デモクラシー勢力は弾圧されるか、沈黙させられるしかないからです。八年後の一九四五年八月の敗戦で総力戦が終わった時、デモクラシーが復活したことは、よく知られているとおりです。

終章「立憲」なき「帝国」の暴走

点と線

一九三七（昭和一二）年一月の宇垣内閣の流産で、政党内閣もしくは準政党内閣による「帝国」の抑制は不可能になりました。「デモクラシー」を求める「民意」は、その後の総選挙や地方選挙で拡大しつづけますが、「内閣」を握れない「民意」には、中国への派兵を阻止する術がありませんでした。そして一旦戦争が始まってしまうと、「民意」は「反戦」や「厭戦」から、驚くほどの早さで「好戦」に転じていきました。

このような状況が、満蒙から中国本土へと「帝国」を拡大しようと思っていた陸軍その他の勢力に、フリーハンドを与えたことは、言うまでもありません。政党内閣時代は議会や有権者の支持を背景に陸軍（大臣）を抑えられた憲法第一三条の国防・外交大権は、首相や閣僚にその意思のない時には、「帝国」に対する抑止力にはならないからです。フリーハンドを与えられた日本軍は、一九三七年一二月には南京を占領し、三八年五月には徐州を、同年一〇月には漢口を占領しました。

かつて、松本清張の推理小説『点と線』を手にした時、筆者は日中戦争のことを連想しました。筆者の世代が戦後に習った日中戦争史は、北京、南京、漢口という大都市の「点」と、その間の行軍路の「線」だけしか支配できなかった日本軍の勝利が、いかに脆いものだったかを強調していたからです。戦後の日本近代史研究では、「点と線」とは日中戦争における日本軍の「戦果」を嘲笑する表現だったわけです。このような日本近代史の常識は、いつの間にか日本人によって忘れられてしまったようです。

長期持久戦――なぜ和平は不可能になったのか

政府も陸軍も、「点と線」の危うさには気がついており、総攻撃のたび、それを機に「和平」の実現をはかります。しかし、ある時は首相が、別の時には陸相が「戦果」に見合った和平条件のつり上げを主張して、政府全体の一致を得ることができませんでした。

和平条件のつり上げの背後には、のちに「大本営発表」という言葉に代表されるようになる、政府による戦果の誇大報道がありました。誇張された戦果に国民は興奮し、提灯行列や大集会やデモ行進を繰り返しました。国民感情に従えば中国政府の全面降伏以外の和平は考えられませんでした。

しかし、中国側の国民感情はもっと激しく、その対日徹底抗戦は、軍・官・民の固い結束に支えられたものでした。元京都大学教授永井和氏の『日中戦争から世界戦争へ』は、中国側にとっての日中戦争は、単なる戦争ではなく「民族解放戦争」であったとして、次のように記しています。

「中国側の戦争目的は侵略者日本軍を国土から駆逐することにあり、その立場からすれば、日本軍の無条件全面撤兵を前提とせぬいかな

日中戦争

る講和もまやかしにすぎず、それに応ずることは屈服＝敗北を意味した。（中略）中国側にとり、戦場での個々の勝敗は本質的な問題ではない。敵の攻撃とあらゆる困難に耐えて、抗戦の意志を持続させることがすべてであり、その姿勢を堅持できれば、最後の勝利は中国のものとなるはずであった。」（同前書、三四九頁）

中国側の基本姿勢がこのようなものだったとすれば、日本側の選択肢は、中国軍民の「殲滅」か、中国からの完全な撤兵しかありません。永井氏によれば、当初の日本は前者を選択し、二〇〇〇万人近い中国軍民の犠牲者を出しました。しかし開戦後二年ぐらいで、第二の途ではなく、最悪の第三の途を見出します。中国の殲滅を諦めて長期持久戦に方針転換した日本の軍・政・民は、一九三九（昭和一四）年七月から八月にかけて、神戸、大阪、横浜、東京などで、中国を背後で助けるイギリスを打倒せよという一〇万人前後の集会・デモを繰り返したのです（同前書、二九八―二九九頁）。

いくら情け容赦のない侵略でも、頑強に抵抗する中国軍と国民を叩けという大衆運動ならば、戦時中のナショナリズムとして理解不能ではありません。しかし、その当の中国を全く眼中に置かないで、その背後にあるイギリスを攻撃目標とする大民衆運動が、一〇万人規模で起こるということは、もはや筆者の理解を超える事態です。永井氏によれば、三九年七、八月での集会参加者は延べ一五〇万人を超え、デモ参加者も六〇万人を超えているのです（同前書、二九八頁、表1、表2）。

日中両国内の軍民一致の継戦意欲の強さを考えれば、両国間での和平成立の余地は、初めから存在しなかったように思われます。しかし、中国側が和平にも応じず、降伏もしないからといって、連戦連勝を続けてきた日本の側が和平なしに撤兵すれば、中国側の追撃を受けるのは必至でした。これらのことから考えれば、一九三八年一〇月末の漢口占領を機に、日本陸軍が進攻作戦を打ち切り、長期持久戦に転換したのは、一見やむをえない措置のように見えます。

しかし、日中両国の指導者が、それぞれの国内の軍民の意向に沿っていては、領土問題を抱える両国は戦争を続けることしかできません。どちらかの指導者が勇を鼓舞して、和平に本気で取り組むことが必要でしょう。それこそが為政者の責務ではないでしょうか。そして今問題にしている日中戦争は日本が仕掛けたものである以上、その終結の最大の責任者は、日本の総理大臣であり、外務大臣であり、陸軍大臣でした。

日本国民は、別の国民になってしまった

和平の最後の機会は、日本の漢口総攻撃の前にしかありませんでした。漢口占領後に日本軍

がそれ以上の進撃を諦めても、中国側にはもはや焦土を賭しての徹底抗戦しか残されていませんでした。日中戦争勃発以後、機会をとらえては首相や外相や陸相に和平を提議しつづけてきた明治以来のアジア主義者小川平吉も、漢口占領の翌一九三九（昭和一四）年三月に香港に赴いた時には、「重慶における抗戦気分は頗る旺盛にして、わが国におけると同じく「和を唱うるものは斬る」の形勢」にあることを実感させられています（『小川平吉関係文書』第一巻、六五二頁）。

小川がアジア主義者として知られるようになったのは、近衛文麿の父篤麿《あつまろ》の下で一八九八（明治三一）年に東亜同文会の結成に尽力してからです。言うまでもなく、「東亜」（東アジア）の「同文」（同じ文字を使う）の国は中国でした。一八九五年に日清戦争に勝利した日本が、あくまでも勝者としての立場からではあれ、中国を西洋列強から守るというのが、近衛篤麿や小川の主張だったのです。「西洋列強」と言っても、それが具体的には、満蒙の支配権をめぐって日本が対立していたロシアを指すものだったことは、本書でもたびたび指摘してきたとおりです。

そのような小川にとって、一九三一年の満州事変は、日中関係としてよりは、日ソ関係であり、ソヴィエト・ロシアに備えるために満州全土を日本が支配することは、彼の考える日中親善とは両立可能な問題でした。

しかし、一九三七年七月の対中全面戦争は、小川の立場からは、理解も許容もできないものでした。幸か不幸か、近衛篤麿の長男として若年の頃から知っていた近衛文麿が首相に就任した直後に、日中全面戦争が勃発します。小川には、今や日本の最高責任者となった旧知の近衛文麿が、中国への師団派遣を承認し、さらには南京占領に向けて兵を進めるという事態は、理解不能だったでしょう。

アジア主義者としては小川の先輩で、いわゆる大陸浪人の元締的な存在であった頭山満も、同様な気持ちを抱いていました。南京総攻撃直前の一九三七年一一月二一日付で小川が起草した「講和交渉開始卑見」と題する印刷物の表紙には、ある会合でこれを小川が報告した時に、「頭山大《おおい》に賛成」したと記されています。さらに談笑に移った際のこととして、小川はその表紙に次のように書き残しています。

頭山満

「予曰く、今や人心興奮せり。この事は、木戸、大久保以上の人に非ざれば実行し難からん。
頭山嘆じて曰く、今日は山県すらもまた見るべからず。「うしと見し世ぞ今は恋しき」の古歌を思うこと切なり。」（『小川平吉関係文書』第

二巻、三四五頁)

明治、大正期を通じて最も膨張主義的であった小川と頭山が、本書で明らかにしてきたような台湾出兵の収束者の大久保利通や、一貫して中国脅威論を唱えていた山県有朋を懐かしんでいるのです。一八七四年の台湾出兵から一九三一年の満州事変までの日本の対外膨張主義者にとっても、三七年の日中戦争以後の事態は、理解を超えるものだったのです。それにしても、「大陸浪人」の大元締めであった頭山満が、大久保利通や山県有朋を偲《しの》んで、「うしと見し世ぞ今は恋しき」と話していたことは、筆者にとっても驚きでした。日中戦争は始めてはいけない戦争であり、それを謳歌する一九三七年以後の日本国民は、明治維新以来七〇年近く存在してきた日本国民とは、別の国民になってしまったように思われます。

和平意見

このような絶望的な気分をはね返して小川は、頭山ら古い同志に支えられ、また近衛篤麿時代からの近衛文麿首相との知遇を頼って、日中和平を提言しつづけます。彼や頭山には、一九一一(明治四四)年の辛亥革命以来の中国国民党有力者との交友という資産もありました。日本政府が彼らの提言を受け容れれば、今や蔣介石政権の中枢を握る中国の旧友との橋渡しをする用意が、小川らにはあったのです。

頭山との会話が附記されているこの和平意見（一九三七年一一月二一日）は、「戦は易く和は難し。しかして講和の機会を捕捉すること最も難し」の一文で始まります。全六項目の意見の要点は、次のとおりです。

第一は、中国主都の南京を陥落させた場合が、この最も難しい「講和の機会」であり、中国政府からの和平提案があった時はもちろん、第三国から斡旋があった場合には、「躊躇なく」これに応ずるべきである、という主張です。その理由として彼が記している内容は、一九三七（昭和一二）年七月の対中全面戦争の開始から四五年八月の太平洋戦争での敗北までの八年間の日本人以外ならば、すぐに納得できるものです。すなわち、

「今日までの戦闘にてわが自衛権はすでに確保せられたりというべく、また、首都〔南京〕の陥落と全支那の軍隊に与えたる痛撃とは、精神的にも物質的にもすでに膺懲《ようちょう》の実を挙げ得たりと言うべし。この上さらに進軍するとも、我にありて加益するところなかるべく、かえって敵の術中に陥るの恐れあり。」（同前書、三四三頁）

小川らにとって出兵の目的は、「自衛権」の「確保」以外には考えられなかったのです。第二は、中国側に和平を提案しにくい事情があれば、戦勝者の日本側から提議してもかまわないではないか、という主張です。すなわち、

「戦敗の弱者にありては講和開始の交渉を恥辱とすべきも、わが国は東洋の盟主にして絶対の勝者なれば、（中略）この場合の提案は、すなわち投降の勧告と同じくして、他人の侮蔑を受くるのおそれなきこと、勿論なり。」（同前書、三四四頁）

第三は、翌一九三八年一月に近衛首相が、「爾後《じご》国民政府を対手《あいて》とせず」と声明するのを見越していたかのごとく、「講和の対手は支那政府の主権者ならば、誰人にても可なり」と主張している点です。近衛声明は三八年一月一六日で、小川の意見書は前年一一月二一日です。小川は次のように論じています。

「講和の対手は戦争の責任者たること、古来一般の通例なり。彼〔蔣介石〕は実に今日支那の主権者たるの名義と実力とを有するものなり。彼もし翻然として我が言に従わば、彼をして講和の条件を実行せしめて可なり。」（同前書、三四四頁）

蔣介石を相手にしなければ日中和平はありえないというのは、これ以後も小川の一貫した主張でした。

小川の言うとおり、蔣介石の国民政府と和平条約を結ばない限り、「臨時政府」を北京に作ろうとも（一九三七年一二月）、「維新政府」を南京に作ろうとも（一九三八年三月）、日中戦争は終わりません。「国民政府を対手とせず」という政府声明は、降伏するまで戦争を続けるというのと同義だったのです。

反日感情

しかし、蔣介石を相手とする和平という構想は、当の蔣が受け容れなければ、そもそも構想として成り立ちません。一九三八（昭和一三）年一〇月末の漢口占領以後には、小川もその実現性に疑問を抱きはじめたようです。

一九三八年一一月に小川が記した「占領地事情」という短文は、結論では従来どおり国民政府との講和以外には、共産党を支持して徹底抗日を強める中国国民を抑える術はないとしています。しかし、その本文を読むと、国民的支持を拡大する共産党の徹底抗戦論を前にしては、もはや蔣介石の国民政府にも対日講和という選択は残されていないことを、小川は痛感していたように思われます。

地名の詳細を説明するのは筆者にも困難ですが、中国国民の反日感情の強さと共産党の急速な勢力拡大を小川の文章から感じとってください。

「近年の支那は、多年国民政府の宣伝と学校教育、新聞雑誌の弘布などにより、地方一般に抗日意識旺盛なりしが、さらに昨年開戦以来、日本は敵国なり、日本は支那を侵略するものなり、今回の戦争は民族存亡の岐《わか》れ目なりとの宣伝が地方山村僻地にいたるまであまねく流布し、知識階級の敵愾心《てきがいしん》はすこぶる熾烈なり。かの明治二十七、八年の日清戦争が地方一般民衆に無関心なりし時代とは全く雲泥の差あり。また、かの満州に溥儀皇帝が君臨したる場合〔一九三二年の満州国建国〕と、民心の向背全く同じからず。」(同前書、三五七頁)

ここで重要なのは最後の一文です。これまでの日本近代史研究では、一九三一年の満州事変、翌三二年のリットン報告書、三三年の国際連盟脱退が特筆大書されてきました。しかし、一九三七年の日中戦争勃発以後の中国国民の反日感情、抗日意欲は、満州事変当時とは比較にならないほど強まっている、と言うのです。それなのに日本人の常識的な近代史知識からは、一九三七年から四一年にいたる丸四年間の日中戦争史が抜け落ちて、一九三一年の満州事変と四一年の真珠湾攻撃とが、直接的につながってきたのです。

中国共産党の勢力拡大

この「占領地事情」の中で小川が強調しているのは、中国における国民的抗日意欲だけではありません。小川の関心は、それと中国共産党との関係にありました。彼は次のように指摘しています。

「近来占領地方各処に、飢民の群を成して食を求め各地を流浪する、いわゆる流民なるもの続出し、また兵器を携えたる流民は各地を奪掠し、良民もまたこれに附和していわゆる流寇なるもの各地に蜂起せり。それのみにあらず、敗残兵の掠奪をなしつつ抗日運動に従事するあり。」(同前書、三五八頁)

今日風に言い換えればゲリラの活発化です。「倭寇」ならざる「流寇」が、「良民」にも支持されて「敗残兵の掠奪」をするという時の「敗残兵」は、日本兵しか考えられません。

小川によれば、このような日本占領地でのゲリラ活動は、中国共産党の勢力を急増させました。彼は次のように記しています。

「前記の状態は共産党の蔓延に好箇の田圃を提供したるものと称すべく、彼らは秩序の紊乱《びんらん》、人民の困却に乗じ、非常の速度を以てその勢力を拡張しつつあり。いわんや江西、福建、湖南、湖北、安徽、浙江のごときは、すでに共産党の新編第四軍を編成せしほどにて、旧来赤匪の余焔《よえん》尚熾なるの地方なり。また、四川、陝西、甘粛、新疆のごとき赤匪地方は措きて問わず、山西省のごときも今やすでに非常なる勢を以って赤化し、また人民抗日の勢はますます熾烈となり、（下略）」（同前書、同頁）

蔣介石が陣取る重慶政権以外の地方は、すべて共産ゲリラの支配下にあるような印象を与える一文です。

中国共産党と共産ゲリラの勢力拡大を詳細に記した小川の意図は、これに抗しうるのは蔣介石の国民政府だけであり、それゆえに「蔣介石を対手」とする和平条約を締結せよ、と従来の主張を繰り返すことにありました。しかし、小川が伝える中国の現状を読めば、もはや蔣介石の重慶政府の力をもってしても、中国国民を対日和平に導くことは不可能だったように思われます。国民の抗日意欲に呼応して、共産党と提携して徹底抗戦を続ける以外の途は、蔣介石にも残されていなかったのです。

うしと見し世ぞ今は恋しき

ほんの少しだけでも和平の可能性があったのは、一九三七（昭和一二）年一二月の南京攻撃の前か、翌三八年八月の漢口攻撃の前でした。前者の時には小川と頭山が、大久保利通、木戸孝允、山県有朋のような明治・大正の元勲の指導力を偲んでいました。後者の時には、小川は、「漢口陥落は和議開始の最後の機会なるべし」とその意見書に記しています。

「和議管見」と題するこの意見書の最後の数行は、本書にとってはとりわけ重要です。

「今やわが軍連戦連勝、意気天を衝くのときに当りて和議を論ずるは、まことに尋常容易の事にあらず。かの大久保利通の北京談判〔一八七四年〕、伊藤博文の天津条約〔一八八五年〕におけるより以上の達識と勇気とを兼有するわが当局その人に依りて始めて、実現するを得べしと思惟す。」（同前書、三五六頁）

一九三八年七月当時の総理大臣近衛文麿に、大久保利通や伊藤博文以上の「達識と勇気」があったかどうかは、問うまでもありません。これに木戸孝允と山県有朋を加えた四人の指導者が日本を動かしていた明治時代は藩閥政治家が日本を支配した時代で、頭山満が指摘したように、「うしと見し世」ではありました。しかし、日中戦争が泥沼化する中では、その時代が「今は恋し」くなっていたのです。

一九三七、三八年の日中戦争の最中に、小川平吉と頭山満が大久保、木戸、伊藤、山県の四人の対中国政策を振り返っていたことは、本書の導きの星となりました。本書は、木戸が反対し大久保が中国政府と和解した一八七四年の台湾出兵に始まり、伊藤が天津に赴いて関係を修復した一八八二―八五年の朝鮮支配をめぐる日中対立に続きます。さらに本書は、一九〇四―〇五年の日露戦争の後で一九〇七年に策定された「帝国国防方針」の背景にあった山県有朋の中国仮想敵論の再検討へと分析を進めてきました。

本書の言う「帝国」とは、近代日本の中国への膨張に他なりません。そして、このような日本の対中国膨張政策に歯止めをかけては失敗し、失敗しては次の歯止めを作ってきたのは、本書で明らかにしたように「立憲」勢力でした。

その「立憲」勢力が最終的に敗北した一九三七年七月以降、歯止めを失った「帝国」が泥沼の日中戦争に突入し、その終結の途を見出せないままに一九四一年一二月の真珠湾攻撃へと進んでいきます。その経緯については、すでによく知られているとおりです。

日中戦争を起こしてはならない

本書はいわゆる「太平洋戦争への道」については何も触れないで幕を閉じます。日米戦争の開戦経緯や敗戦過程は、多くの人びとに関心を持たれていますが、その大半の人は実は一九四一（昭和一六）年一二月八日から四五年八月にいたる歴史をよく知っており、それぞれの一家言も持っています。

また、よく言われる「歴史の教訓」についても、ほとんどの日本人が十分に学んでいます。その証拠に、戦後七二年間の日本人の口から、保守派であろうと進歩派であろうと、対米戦争論を聴いたことはありません。アメリカに押しつけられた憲法第九条を改正して自衛隊を防衛軍に格上げしろという議論も、それによってアメリカと一戦せよという主張にはなりません。反対に、日米同盟を強化して共通の敵に備えよという主張とセットになっています。

外交上の重大案件ですから、さすがに政権内部の保守派は日米同盟の共通の敵については明言していません。が、民間の保守派の間では尖閣諸島を脅かす中国に備えよという主張が唱えられ始めています。本書が明らかにしてきた一八七四年の台湾出兵以来六〇年余りにわたる日中対立の歴史は、決して昔話ではなくなってきているのです。

集団的自衛権の容認に反対してきた「立憲主義」者や「立憲デモクラシー」の主張者にも、本書で明らかにした日中対立の歴史を参考にしてもらいたいと思いました。七二年間にもおよぶ戦後の平和運動は、アメリカの戦争に巻き込まれるのに反対することで一貫していました。この傾向は、二〇一五年から一六年にかけての集団的自衛権反対の運動にも見られました。学生団体のＳＥＡＬＤｓが唱えた、国民一人ひとりが主権者だという貴重な問題提起は、いつの間にか改憲阻止の昔ながらの運動に吸収されてしまいました。その背後にはアメリカの戦争に巻き込まれるなという主張が、透けて見えました。

しかし、安倍内閣が進めている安全保障政策は、日中間での領土問題にアメリカを巻き込もうとするものです。理屈の上から言えば、日本の領土を守る個別的自衛権の行使には憲法の改正も要りません。集団的自衛権も不要です。現行憲法と日米安保条約だけで尖閣諸島は自衛権で守れるし、アメリカも守ってくれるでしょう。

ただ、日中有事の時に、アメリカが本気で日本を守ってくれるのか、現行憲法が自衛権を認めていることだけを頼りに自衛隊に出動を命じられるか、現実問題としてはかなり頼りなく思えます。それで安倍内閣は日米同盟の強化と憲法改正を唱えているのです。

それでは現実に尖閣諸島をめぐって日中間で局地戦争が起こった場合、「立憲主義者」や

「立憲デモクラシー」の主張者は、反戦平和の立場に立てるでしょうか。

本書が明らかにしてきたように、戦前の立憲勢力は一八七四（明治七）年以来かなり頑強に、日中対立の激化に抵抗してきました。しかし、一九三七年に日中全面戦争が起こった時には、それに抵抗できなかったばかりか、逆に戦争に同調しました。自分が心の底では軽んじてきた中国との戦争に正面から反対する気持ちにはなれなかったのです。

同様のことが今日の平和主義者にも起こるのではないか。このような懸念こそが、筆者をして戦前日本の日中関係史の分析に向かわせました。対米戦争の反省に関しては、こうした懸念はあまりありません。

繰り返しますが、「太平洋戦争への道」については、すでに十分に知られています。保守も進歩も十分に反省してきました。しかし、「日中戦争への道」について日本国民の知識は、きわめて限られています。今日の日本人が万が一戦争に巻き込まれるとしたら、言うまでもなくそれは、アメリカの戦争ではなく、自国の中国との戦争でしょう。

二度と日中戦争を起こしてはならない。そのためには、一八七四年の台湾出兵に始まる「日中戦争への道」を知る必要がある。これが本書執筆の動機です。

＊

本書のうち「帝国」に関する部分、すなわち明治以来の中国政策の歴史をめぐる部分は、畏友空井護氏（北海道大学教授）のご示教に負うところが大です。空井氏はこの分野に関する筆者の個別研究のすべてに眼を通してくださり、それらをまとめ直すことを薦めてくださいました。

また、この「帝国」の部分をいくつかの段階に分け、その段階ごとに「帝国」に対抗した「立憲」の動きを対置するという構成は、編集を担当された筑摩書房の増田健史氏と相談を重ねたうえで出来上がったものです。ここに記して、両氏のご助力に感謝したいと思います。

この「終章」の主人公は小川平吉で、主な資料は『小川平吉関係文書』です。この資料に関しては、尊敬する先輩の伊藤隆氏（東京大学名誉教授）のお導きに感謝しています。同氏のお伴をして信州の小川別荘を訪ね、資料整理のお手伝いをさせていただいたのは、今から五〇年以上前の一九六五年のことです。当時はまだ大学院生で、明治中期の政治史の知識しかなかった筆者には、本章で引用した昭和一〇年代の小川文書の意義は、ほとんど分かっていませんでした。そのような筆者をあえて対等な研究者として扱ってくださった同氏の寛大さに、改めて謝意を表する次第です。

二〇一七年五月　　坂野潤治

参考史料・文献

本文中では省略した出版社名・刊行年などを記載した。なお、本書では、新聞、政党機関紙（誌）、総合雑誌などを史料として用いているが、それらは本文中に発行年月日や号数を記しているので、ここでは省略した。

はじめに

吉野作造「帷幄上奏論」『日本政治の民主的改革』吉野作造博士民主主義論集 第三巻、新紀元社、一九四七年
美濃部達吉『憲法講話』有斐閣、一九一二年
伊藤博文『憲法義解』岩波文庫、一九四〇年

第1章

「三条家文書」国立国会図書館憲政資料室所蔵
早稲田大学社会科学研究所編『大隈文書』第一巻、同研究所、一九五八年
小川平吉文書研究会編『小川平吉関係文書』第二巻、みすず書房、一九七三年

第2章

井上馨侯伝記編纂会編『世外井上公伝』第二巻、内外書籍、一九三四年
日本史籍協会編『木戸孝允日記』第三巻、東京大学出版会、一九六七年
福沢諭吉『民情一新』常松書店、一九四七年

井上毅伝記編纂委員会編『井上毅伝』史料篇第四、国学院大学図書館、一九七一年
坂野潤治『明治デモクラシー』岩波新書、二〇〇五年
『福沢諭吉全集』第一七巻、岩波書店、一九六一年
伊藤博文関係文書研究会編『伊藤博文関係文書』第一巻、塙書房、一九七三年

第3章

大山梓編『山県有朋意見書』原書房、一九六六年
外務省編『日本外交文書』第一四巻、一九五一年
前掲『福沢諭吉全集』第五巻・第一〇巻・第一七巻、岩波書店、一九五九—一九六一年
「樺山資紀関係文書」国立国会図書館憲政資料室所蔵
春畝公追頌会編『伊藤博文伝』中巻、統正社、一九四〇年
外務省外交史料館日本外交史辞典編纂委員会編『日本外交史辞典』大蔵省印刷局、一九七九年

第4章

坂野潤治『日本近代史』ちくま新書、二〇一二年
宮内庁編『明治天皇紀』第八巻、吉川弘文館、一九七三年
『帝国議会衆議院議事速記録』第七巻、東京大学出版会、一九七九年
前掲『伊藤博文伝』下巻、統正社、一九四〇年

第Ⅱ部

松尾尊兊『民本主義と帝国主義』みすず書房、一九九八年
松尾尊兊『わが近代日本人物誌』岩波書店、二〇一〇年

第5章

原奎一郎編『原敬日記』第二巻、福村出版、一九六五年
坂野潤治『明治憲法体制の確立』東京大学出版会、一九七一年
中里裕司『桂園時代の形成——一九〇〇年体制の実像』山川出版社、二〇一五年

第6章

前掲『山県有朋意見書』
前掲『日本外交史辞典』
角田順『満州問題と国防方針』原書房、一九六七年
中尾裕次「[資料紹介]帝国国防方針、国防ニ要スル兵力及帝国軍用兵綱領策定顚末」『戦史研究年報』第三号、防衛省防衛研究所、二〇〇〇年
前掲『憲法義解』
前掲『憲法講話』
徳富猪一郎（蘇峰）『大正政局史論』民友社、一九一六年
坂野潤治『明治国家の終焉——一九〇〇年体制の崩壊』ちくま学芸文庫、二〇一〇年
『大日本帝国議会誌』第四巻、大日本帝国議会誌刊行会、一九二七年
『臨時商業会議所連合会議事速記録』一九〇八年

吉野作造『現代の政治』実業之日本社、一九一五年

第7章

「寺内正毅関係文書」国立国会図書館憲政資料室所蔵
『東京商業会議所月報』第五巻十二号、第六巻八号
前掲『原敬日記』第三巻、福村出版、一九六五年
坂野潤治ほか編『財部彪日記・海軍次官時代』下巻、山川出版社、一九八三年
前掲『大正政局史論』
「田健治郎日記」（写本）国立国会図書館憲政資料室所蔵

第8章

前掲『現代の政治』
前掲「寺内正毅関係文書」

第9章

原秀男ほか編『検察秘録　五・一五事件』第三巻、角川書店、一九九〇年
坂野潤治『昭和史の決定的瞬間』ちくま新書、二〇〇四年
前掲『日本近代史』
本庄繁『本庄日記』原書房、一九六七年
前掲『憲法義解』

宇垣一成『宇垣一成日記』第二巻、みすず書房、一九七〇年
防衛庁(省)防衛研修所戦史室『戦史叢書・大本営陸軍部(1)』朝雲新聞社、一九六七年

第10章

前掲『小川平吉関係文書』第二巻
前掲『原敬日記』第五巻、福村出版、一九六五年
木戸日記研究会・日本近代史料研究会編『鈴木貞一氏談話速記録』下巻、日本近代史料研究会、一九七四年
日本国際政治学会太平洋戦争原因研究部編『太平洋戦争への道・別巻資料編』朝日新聞社、一九六三年
原田熊雄述『西園寺公と政局』第二巻、岩波書店、一九五〇年
稲葉正夫ほか編『現代史資料11　続・満州事変』みすず書房、一九六五年
外務省編『日本外交文書　満州事変』第一巻第三冊、一九七七年

終　章

永井和『日中戦争から世界戦争へ』思文閣出版、二〇〇七年
前掲『小川平吉関係文書』第一巻・第二巻、みすず書房、一九七三年

ま 行

や 行

ら 行

わ 行

さ 行

た 行

な 行

は 行

人名索引

あ　行

か　行

坂野潤治（ばんの・じゅんじ）

一九三七年生まれ。東京大学文学部国史学科卒業。同大学院人文科学研究科博士課程中退。東京大学社会科学研究所教授、千葉大学法経学部教授をへて、東京大学名誉教授。著書に『日本近代史』『未完の明治維新』『昭和史の決定的瞬間』（ちくま新書）、『近代日本とアジア』『明治国家の終焉』（ちくま学芸文庫）、『日本憲政史』（東京大学出版会、角川源義賞受賞）、『近代日本の国家構想』（岩波現代文庫、吉野作造賞受賞）など多数。

帝国《ていこく》と立憲《りっけん》――日中戦争《にっちゅうせんそう》はなぜ防《ふせ》げなかったのか

二〇一七年七月二〇日　初版第一刷発行

著者　坂野潤治

発行者　山野浩一

発行所　株式会社筑摩書房
東京都台東区蔵前二-五-三　郵便番号　一一一-八七五五
振替　〇〇一六〇-八-四一二三

装幀　水戸部功

印刷製本　三松堂印刷株式会社

乱丁・落丁本の場合は左記宛にご送付ください。送料小社負担でお取り替えいたします。ご注文、お問い合わせも左記へお願いいたします。
筑摩書房サービスセンター
さいたま市北区櫛引町二-六〇四　〒三三一-八五〇七　電話　〇四八-六五一-〇〇五三

ISBN978-4-480-85809-2 C0021

◉坂野潤治の本◉

〈ちくま新書〉
日本近代史
この国が革命に成功し、わずか数十年でめざましい近代化を実現しながら、やがて崩壊へと突き進まざるをえなかったのはなぜか。激動の八〇年を通観し、捉えなおす。

〈ちくま新書〉
未完の明治維新
明治維新は〈富国・強兵・立憲主義・議会論〉の四つの目標が交錯した「武士の革命」だった。それは、どう実現されたのだろうか。史料で読みとく明治維新の新たな実像。

〈ちくま新書〉
昭和史の決定的瞬間
日中戦争は軍国主義の後ではなく、改革の途中で始まった。生活改善の要求は、なぜ反戦の意思と結びつかなかったのか。日本の運命を変えた二年間の真相を追う。

〈ちくま学芸文庫〉
近代日本とアジア
明治・思想の実像
近代日本外交は、脱亜論とアジア主義の対立構図により描かれてきた。そうした理解が虚像であることを精緻な史料読解で暴いた記念碑的論考。　解説　苅部直

〈ちくま学芸文庫〉
明治国家の終焉
一九〇〇年体制の崩壊
日露戦争後の財政危機が官僚閥と議会第一党の協調による「一九〇〇年体制」を崩壊させた。戦争を招いた二大政党制の迷走の歴史を辿る。　解説　空井護